乡村振兴典型案例

全国农村财务管理规范化建设典型案例

农业农村部农村合作经济指导司 编

中国农业出版社
北 京

农村财务管理是促进农村经济发展和农村社会稳定的重要保障。中共中央、国务院《关于稳步推进农村集体产权制度改革的意见》明确要求强化农村集体资产财务管理，推动农村集体资产财务管理制度化、规范化、信息化。近年来，为适应农村经济社会发展新形势，各地积极创新方式方法，完善工作制度，不断加强村级财务管理，推动农村集体资产财务管理更加规范，涌现出一批好做法好经验。

为充分发挥典型案例的示范作用，带动各地进一步健全农村财务管理制度，规范农村财务各项活动，2020年农业农村部面向全国征集遴选了农村财务管理规范化建设典型案例。这批案例形式多样、特色鲜明，主要在完善体制机制、强化审计监督、加强制度建设、创新数字手段等方面，形成了可复制、可推广的经验做法。这些案例有市、县层面开展的创新，也有村、镇层面的探索实践，有效解决了农村财务管理面临的一些难点问题，体现出较强的实用性、可操作性和可借鉴性。现结集出版，供各地学习借鉴。

农业农村部农村合作经济指导司

2021年1月

目录

前言

一、完善体制机制，推动管理水平精细化

上海市金山区：
村社“两本账” 事权财权清

编者按： 上海市金山区在全国较早探索推行了村民委员会与村经济合作社分账管理，构建了政社分设的制度体系和运行机制；对于村级组织运转经费、村干部报酬管理、财会人员队伍建设等在村民委员会与村经济合作社分账管理中可能存在的问题，形成了解决方案；厘清了事权、财权，巩固了农村集体产权制度改革成果，为其他地方推进村社分账提供了经验借鉴。

上海市金山区地处杭州湾畔，位于沪、杭、甬及舟山群岛经济区域中心，是上海市的西南门户。金山区人口 64.56 万人，辖 9 个镇、1 个街道和 1 个工业区，共 124 个村民委员会 2 368 个村民小组，有 124 个村经济合作社。自 2016 年起，全面推进政社分设，实施“村、社”分账管理。村委会财务仍由镇代理记账站负责，每个村经济合作社按要求配备会计和出纳各 1 名，共计 248 名。改革以来，村经济合作社总资产及净收益呈逐年平稳增长的态势。2016—2019 年，村经济合作社净收益从 0.97 亿元增至 1.83 亿元，已连续 2 年实现收益分配全覆盖。

一、加强顶层设计，研究制定层次分明的配套政策

（一）制定集体经济组织成员界定与农龄统计政策

为精确确认成员资格，金山区及时制订《关于进一步规范农村集体经济组织成员界定、农龄统计工作程序的通知》，充分保障集体经济组织成员依法享有农村集体资产及其经营管理的知情、表决、收益和监督等权利。经统计确

认，金山区现有村民 37.15 万人，现有成员 26.01 万人。

（二）出台村干部“基本报酬与兼职报酬”指导意见

针对改革过程中，大部分村“两委”班子成员与经济合作社理事会成员存在交叉任职的情况，金山区印发了《关于进一步完善本区村干部工作报酬分配机制的指导意见》，明确规定村干部报酬由“基本报酬、工作业绩奖励和新型集体经济组织兼职报酬”组成；并明确正职干部报酬与工作业绩奖励两项总额，原则上不超过全区事业单位正科级当年度收入平均水平，进一步完善村干部工作报酬的分配机制。

金山区村经济合作社财会人员业务培训会

（三）健全完善“二本账”管理制度

在明确财会人员的前提下，金山区进一步健全工作机制，健全村委会、合作社理事会、监事会工作制度，完善责任监督机制，明确要求统一账套设置和会计科目。专门下发《关于村经济合作社与村民委员会账务设置等相关问题的通知（试行）》，确保分账核算后“二本账”有据可依、有章可循。同时，在实施分账管理中进一步修订完善各项会计核算制度和一系列财务管理制度，实现村经济合作社“财务处理网络化、领导监管实时化、村务公开自动化、资产管理精细化、财务分析格式化、出纳报账远程化”的财务管理模式创新。

二、落实经费保障，规范完善村社分账管理制度

（一）保障村级组织基本运转经费，确保集体经济组织独立运行

在推进分账管理工作时，金山区对村级组织人员经费、工作经费和村级基本公共服务经费作出明确规定：村级组织基本运转经费，在区级保证基本运转经费的前提下，不足部分由镇级财政予以托底保障；区分基本运转资金与专项资金，落实区级基本运转资金平均每村130万元，专项资金按照“谁主张、谁出钱”的原则，由区、镇两级财政根据专项工作内容和工作开展情况落实资金。

金山区山阳镇杨家村经济合作社成立大会

（二）加强预算管理，规范收支程序

针对年度内资金使用、管理和需求，金山区农业农村委员会及时配合区财政局，制定预算管理试行办法，要求村民委员会和村经济合作社明确各自编制预算的内容以及执行程序。

（三）强化民主监督，实行财务公开

根据各村经济合作社的《章程》，金山区通过业务辅导和指导，制定相关民主监督和财务公开的工作制度和业务操作流程，加强对村经济合作社监事会日常工作的辅导，进一步提升村经济合作社监事会成员的工作能力，切实发挥村经济合作社监事会应有的作用，强化民主管理和社务监督。为增加农村集体经济组织“三资”监管的透明度，金山区进一步完善公开业务项目，专门制订了 15 张财务监管公开表，对成员普遍关心的征地补偿、资产处置、经营收益、业务接待、外出考察、贫困户补助等热点、焦点内容，及时予以公开，接受全体成员的监督。建立区、镇（金山工业区）二级联动质量考核机制，考核工作由专人负责，确保各类财务公开指标及时、真实、准确，使财务公开真正实现市“三资”监管平台和农民“一点通”公开、区政府内网公开、区政府外网公开及村委会墙上公开的真公开、全公开和常公开。进一步提升财务公开工作质量，大大减少了村民因财务问题而引发的上访，促进了农村社会的稳定，保证了村经济合作社健康有序规范发展。

三、加强培训管理，打造业务精湛的专业队伍

（一）组织专题培训，提高业务能力

针对分账管理后，各层级管理人员和财会人员业务素质参差不齐、业务能力高低不一、分账管理模糊不清等实际情况，区农委农经站积极组织、主动出击、加强人员培训。编写政社分设、村社分账的指导教材，形成分账管理实施方案；对各镇（金山工业区）经济管理事务中心分管主任、财务辅导员，以及 124 个村经济合作社理事长、会计和出纳，多次组织专题培训。通过会计专业知识、分账管理和“三农”政策的业务培训，提高了村经济合作社相关人员的整体素质和业务能力。同时，分两批组织“金安易财务软件实务操作与答疑”

软件培训，进一步提升财会人员熟练运用财务软件的能力。在分账管理推进中，区农业农村委员会和区农经站积极深入基层释疑、解难，辅导各项具体业务工作开展，在推进中要求统一业务范围和业务流程，强化民主程序和操作规程，提高了“村、经”分账管理工作质量，提升财会人员的业务能力和分账管理水平。

（二）加强队伍建设，注重质量考核

面对分账管理后农村财会人员队伍不健全的局面，金山区加快推进农村财会人员队伍建设，进一步提高农村财会人员地位。制定定性定量考核激励措施，拓宽专业技术职称晋升空间，夯实基层财会人员队伍建设，更好地履行基层农经监督管理工作的职责和职能，确保人岗匹配、事有人干、责有人担，保持了农村财务工作的连续性、财务账目的连贯性及财务核算的准确性。区农经站及时成立检查工作小组，深入到村，开展分账管理抽查、检查、验收等工作，及时发现问题，总结经验。

山东省费县：打造充满活力的报账员队伍

编者按： 山东省费县健全农村经管体制机制，扎实培育农村基层财务管理人员，建立村级报账员的调整备案、统一招考、培训学习、年度考核、责任追究等制度，将报账员纳入村干部管理，全面提升村级报账员的业务能力素质，打造了一支“扎根农村，业务精通，服务农民”的基层农经队伍。

费县地处沂蒙山区腹地，总面积 1 660.11 平方千米；辖 12 个乡镇（街道），共有行政村 399 个，独立核算的村集体经济组织 895 个；全县总人口 91 万人，耕地面积 110 万亩*。近年来，费县围绕农村财务管理进行体制机制创新，扎实培育农村基层财务管理人员，履行好农村经营管理各项职责任务，多渠道强化农经体系建设。

一、理顺机制，避免既当“运动员”又当“裁判员”

（一）健全农村经管体制机制

2014 年，费县成立了临沂市首家农村经济经营管理局；2019 年，因机构改革更名为费县农村经济经营服务中心，隶属于县农业农村局。服务中心核定行政编制 1 人、事业编制 13 人，实际在岗职工 21 人，其中在编 16 人。乡镇（街道）设立镇级财经中心，下设经管站，具体履行农村经济经营职能。为充实乡镇经管站人员力量，按照每 10 个独立核算村集体经济组织不少于 1.5 名、

* 亩为非法定计量单位，1 亩≈667 米^2。——编者注

最低不少于5人的标准配备经管人员，累计考聘122名委托代理会计。

全县农经人员学历情况

学　历	高中及以下（人）	大专（人）	本科（人）	研究生及以上（人）
县农经中心	0	2	16	3
乡镇经管站	12	40	49	3
农村委托代理会计	0	58	26	0
村报账员	838	21	0	0

（二）理顺农村财务管审流程

全面推行农村会计委托代理服务，健全完善了各项规章制度，依托乡镇经管站建立农村委托代理会计服务中心，实行统一审核、集中办公记账，严格落实账目与资金的分离管理，村级现金严格执行审批制度。依托乡镇（街道）经管站，建立农村会计委托代理服务中心，每10个村配备1个代理会计，取消村级出纳员，村级只设报账员，实现农村集体经济组织管审分离，避免了农村财务管理工作人员既当“运动员”又当“裁判员”的窘境。2019年，累计监管审计村级资金11.41亿元，发现16起线索，大大减少了村民过去因村级财务不清等因素引发的群众上访现象，维护了农村社会的和谐稳定。

二、提升软实力，确保代理会计“专职专用”

（一）严格执行报账员调整备案制度

农村报账员的聘用及解聘均需到县农业农村局备案。乡镇经管站人员无故不得随意调动，特别是农村委托代理会计严格做到专职专用，任何单位不得随意借用。建立健全定期考聘机制。

（二）严格实行报账员统一招考制度

每年定期组织空缺村报账员公开考选，县农业农村局协调人社局每年组织一次委托代理会计的招考，及时补充因人员流动及解聘造成的岗位空缺，维持农经队伍稳定。改革前，全县农经系统平均年龄44.5岁，改革后平均年龄34.9岁；改革前，具有专业技术职称44人，改革后增至78人。农经队伍年轻化，人员素质和专业化程度明显提高。

全县农经人员年龄结构

年　龄	≤30 岁（人）	30～50 岁（人）	≥50 岁（人）
县农经中心	5	13	3
乡镇经管站	13	84	7
农村委托代理会计	63	21	0
村报账员	43	385	431

费县农村财会人员培训班

（三）建立健全培训学习制度

县财政每年拨付 30 万元专项资金，根据岗位职责不同开展专题培训和综合培训，确保业务能力与职责相匹配。自 2015 年以来，累计组织培训 7 100

余人次、外出学习 220 余人次。

三、夯实硬指标，实行分级考核管理

（一）实行报账员年度考核制度

乡镇政府结合实际制定考核细则，每半年考核一次，各村每年年底进行一次民主评议，结果记入会计档案。县农业农村局每年进行年检，聘期内两年未通过年检的责令乡镇党委和政府解除聘用合同。

（二）健全责任追究制度

研究制定《乡镇经管站年度目标管理考核办法》，每年 2 次对乡镇经管站工作目标完成情况进行检查考核；连续两年考核成绩列全县倒数第一位的，免除乡镇经管站站长职务。由县农业农村局制定考核办法，对委托代理服务中心从机构设置、人员配备、代理程序、会计核算、制度建设等方面进行考核，结果纳入全县农村集体“三资”管理考核。

四、保障待遇，促进职业管理规范化

（一）将报账员纳入村干部管理系列

2015 年，县委、县政府出台《关于建立农村会计职业化管理体制，强化农村“三资”监管的实施意见》，农村会计人员实行“县考乡聘村用”和“公开考选、动态考核、末位淘汰”职业化管理制度，严把农村会计出、入口管理。全面落实农村报账员工资待遇，县财政每年统筹 1 100 万元，按“不低于村主要负责人 80%”的比例，由乡镇根据工作量及考核情况核定上报后统一发放。2018 年 9 月，将农村报账员基本工资报酬纳入山东省财政惠民一本通系统，建立“农村会计人员工资报酬”模块。同年，修订《费县农村会计人员管理办法》，将农村报账员纳入村干部管理系列，参照村干部缴纳居民养老保险，进一步强化保障，激发工作热情。县财政每年统筹 400 万元，全面落实农村代理人员工资待遇，有效解决乡镇经管力量不足和农村会计素质能力不足的问题。

（二）实行财会人员平台管理

费县完善县级农村集体“三资”管理平台功能模块，加强全县财会人员的职业化、规范化和标准化管理；依托“三资”管理平台，建立了农村财会人员档案管理系统，将农村报账员和农村代理会计基本信息、工资报酬、年检结果、培训考核及在职解聘等情况全部纳入平台管理，实现人员信息化和动态化监管，建立了职业化、信息化和标准化的管理队伍，筑牢了村会计规范化、制度化管理的制度保障，为评价村会计的工作表现和工作实绩、落实有关生活待遇提供依据。

村报账员考选笔试现场

广东省东莞市虎门镇：
健全机制　扎牢村级财务“口袋”

编者按： 广东省东莞市虎门镇坚持改革脚步不停歇，适时调整基层管理机构，组建专业稳定的农村财务队伍，搭建了“镇、村、组”三级治理机制，使权责分工更明确、流程更便捷、监管更严密，做到了“财务更规范，管理出效益”，对维护农村和谐稳定起到了积极作用。

虎门镇位于广东省东莞市西南部，珠江出海口东侧，面积为178.5平方千米；常住人口超过64万，辖30个社区、27个经联社、54个经济社，设理事会、监事会各121个。2019年，虎门镇村、组两级总资产188.7亿元，较上年增长17.4%。虎门镇从队伍建设、制度建设、平台建设三个重点方面入手，扎实推进村级财务管理制度化、规范化，实现集体经济“存量高基数、增长高速度、管理高标准”。

一、优化队伍，推动机构人员配置更合理

（一）设置权责明晰的镇级管理机构

虎门镇根据形势发展变化和农村财务管理工作需要，于2005年、2012年和2014年先后组建了社区集体资产管理办公室、集体资产交易中心和纪检监察审计办公室（简称社资办、交易中心、审计办），分别负责农村财务管理、资产交易、审计监督工作，实现“管审分离”“交审分离”，避免镇农村财务管理机构既当“运动员”又当“裁判员”。镇社资办、审计办、交易中心分别配备专职工作人员9人、9人和8人，为实施农村财务精细化管理提供了坚强的组织支撑。

（二）组建专业稳定的农村财会队伍

根据全市的统一部署，虎门镇于2000年推行农村会计委派制、2006年推

行出纳专职化，组建起一支高素质的专职农村财会队伍。2016 年，将社区委派会计升格为会计主管，角色定位从财务会计转变为管理会计，人员经费由社区上调转变为财政供养，进一步加大镇对村、组两级财务的统筹管理力度。镇政府委派的 28 名社区会计主管中，入编或参照事业单位编制待遇的 26 人，拥有 20 年以上农村财务工作经验的 15 人，中级会计师 2 名，初级会计师 9 名，为持续推动提升农村财务管理水平提供了强有力的人才队伍支持。

二、完善机制，推动监管链条更顺畅

（一）建立“镇、村、组”三级治理机制

虎门镇通过抓好权限划分和绩效评价两个环节规范镇、村、组层级治理。在制度设计上，明确“市定框架、镇定细则、村组定章程”；在责任归属上，明确“市负业务指导责任、镇负属地监督责任、村组负属事主体责任”。**一是决策权限制度化**。虎门镇每 5 年修订镇级农村集体资产管理细则，明确集体经济组织股东大会、股东代表会议、理事会的决策权限，明确村、组上报镇审查的重大经济事项标准；经镇审查备案，经济实力较强的村、组可通过修订章程、召开股东大会授权等方式，提高股东代表会议和理事会的决策权限，做到原则性与灵活性相结合。**二是绩效评价常态化**。虎门镇每年制订或修订农村干部薪酬方案，对社区干部工作绩效进行量化考评，经股东代表通过和镇政府审查后发放，将群众表决与上级考核有效地结合起来。从 2019 年开始，通过聘请中介补充审计力量，推行村组“一年一审”全覆盖、“村组全审”，实现从重制度监管审计向兼顾经济效益审计转变。

（二）健全“前中后”全程监管体系

虎门镇结合当地实际，对东莞市多年探索逐步形成的“十管齐下”监管体系（民主理财、会计监管、审计监督、统计监测、审查监控、预算管理、阳光交易、督查考评、薪酬激励、责任追究）进行整合优化和流程再造，以预算管理、会计审核、财务公开为主要抓手，串起“事前-事中-事后”监管链条。**一是以预算管理为主要抓手做细事前监督**。规定村、组必填预算报表 17 张，涵盖村、组各项收支；预算经初审、复审和股东代表会议通过后方能执行；执行

过程中的调整必须由股东代表会议重新表决。村民对集体的钱“怎么花、花在哪”心中有数、一目了然。**二是以会计审核为主要抓手做实事中监督**。规定委派会计主管须列席“两委”班子会议，明确其财务监管、经营服务、决策参谋、业务指导4项岗位职责，并规定未经会计主管审核的会计凭证不得入账、未经审核的会计报表不得向外报送，实现对村、组财务运作的实时监控。**三是以财务公开为主要抓手做好事后监督**。严格按照东莞市农村财务公开“六化”标准（公布地点公众化、公布专栏橱窗化、公布版式标准化、公布内容通俗化、公布程序规范化、热点问题专项化）进行上墙公开，固定公布表式共28个，公布内容包括每笔日常开支明细、每名干部每月的薪酬支取情况、审计报告和经济合同的原件影印本、审计结果和合同摘要等；此外，还通过LED电子显示屏滚动公开、“东莞村财”App移动公开，村民可通过手机掌握集体财务收支和预算执行情况。

三、建强平台，推动服务手段更科学

（一）推动“两个平台合一”

虎门镇是东莞市农村集体资产交易和“三资”监管平台（简称“两个平台”）的试点镇，率先推行“两个平台”合一建设，避免信息不对称。**一是实现“三资”台账同步更新**。虎门镇村、组两级土地资源160多平方千米，厂房、商铺面积830多万平方米，存量合同8 400多份，“三资”台账建档和更新的工作量非常大。“两个平台”合一建设后，土地资源、物业资产通过交易平台交易，系统自动生成或更新资产资源台账，并生成合同台账，实现动态跟踪、全程监控。**二是实现会计业务无缝对接**。“三资”监管平台的电子分单功能使出纳、会计员不再局限于月底结账。会计由制单角色转变为打单角色，节省大量人力物力。银行代扣、移动支付业务的开发，使得出纳员在制单的同时完成出纳账的登记，会计员可以随时掌握集体资金进账情况。**三是为制度执行提供技术支持**。虎门镇集体收入以租金为主。“两个平台”系统通过合同到期提醒、合同违约金自动计提、引用合同收款等技术手段，有力促进承租方按时履约交租，全镇、村、组收款率保持在90%以上，比原来提高10个百分点。

（二）推动“线上线下融合”

在现场开展业务的同时，充分发挥“两个平台”的信息化优势，形成了线上、线下全域服务体系。**一是线上、线下交易融合互补**。在传统现场交易基础上，率先推动社区集体资产网上交易，打破地域界限和信息壁垒，减少人为因素干预，形成多维互动的良好氛围。由于成效显著，平台交易范围逐步扩大到镇属资产、村民财产、城市更新合作企业和前期服务商招引等，服务对象越来越广。**二是移动应用实现贴身服务**。借助“东莞村财”App平台，集体资产管理人员可随时随地办公，村民股民可在线查询本村财务公开数据、参与民主决策，竞投人可在线报名、缴纳保证金和网上竞投，承租人可随时随地掌握合同状态、线上缴纳租金。在新冠肺炎疫情防控期间，在人员无法聚集的情况下，财务公开、民主表决、资产交易等业务正常运转，社区集体经济运行稳定。

东莞市农村集体资产网上交易平台上线仪式

宁夏回族自治区灵武市：

“五个一”做实农村财务这本账

编者按：宁夏回族自治区灵武市结合实际情况，专门设立农村财务管理室，加强农村集体“三资”管理，创新“四位一体”监管机制，厘清市、乡、村三级责任分工，推动了农村集体“三资”管理制度化、规范化、信息化运行，为村集体经济健康发展奠定了坚实基础。

灵武市隶属宁夏回族自治区银川市，辖5镇2乡70个行政村，总面积4 010平方千米，耕地面积36万亩，农业人口16.75万人。截至2019年底，70个行政村资产总额5.89亿元，较上年增长12.8%，集体经营性收入1 147万元，村均16.39万元。近年来，灵武市把脉问诊村集体经济，在完善规范农村财务管理的基础上，盘活了集体资源，调动农民群众参与乡村振兴的积极性，提升了基层党组织的战斗堡垒作用。

一、“五个一”夯基垒台

（一）锻造“一支队伍”

灵武市农经站设立农村财务管理室，主要承担农村集体“三资”管理制度制定、财务培训、“三资”清查、审计监督及财务检查等工作。在全市推行农村会计委托代理制，由市政府委派26名事业人员承担70个村会计核算工作，在每个乡镇财经所成立农村会计服务中心，采取财经所和村级委派会计人员集中办公的办法，通过细化、量化人员岗位职责和工作目标，将财政、农经、村级会计核算职能有机结合起来并加以强化，真正做到“事有人做、事有人管”。为打造一支作风优良、业务过硬的监管队伍，灵武市对村级财务人员每年进行不少于 2 次的集中培训。2019 年举办 4 场培训班，培训 1 000 余人次，涉及财政支农政策、“一事一议”项目管理、农村集体“三资”管理、农村集体产权制度改革及壮大集体经济等方面。

灵武市综合管理服务系统

（二）建立“一套制度”

将原有的“一乡一户”改为“一村一户”，每个村在所属乡镇的农村信用社开设一个银行基本结算账户。制定推行村级财务委托代理、民主理财、财务公开、资金开支预算审批、资金收支两条线管理、资产购买处置及资源承包租赁招投标管理等 17 项制度，实现乡乡有“三资”管理制度展板、村村有“三资”管理制度及管理流程牌子、村党组织书记人人有制度手册。规范完善农村集体资产管理台账、资源登记簿及资产资源承包租赁合同文本、招投标文书，统一制定农村集体固定资产（设备）租赁合同（样本）、农村集体房屋租赁合同（样本）、村扶持村集体经济发展项目资金入股企业（合作社）协议、财务公开记录、村民主理财小组审核处理意见、支出汇总结报单、原始凭证审核处理汇总及农业企业固定资产折旧年限参考表等文书。分年度对文书资料立卷归档备查。

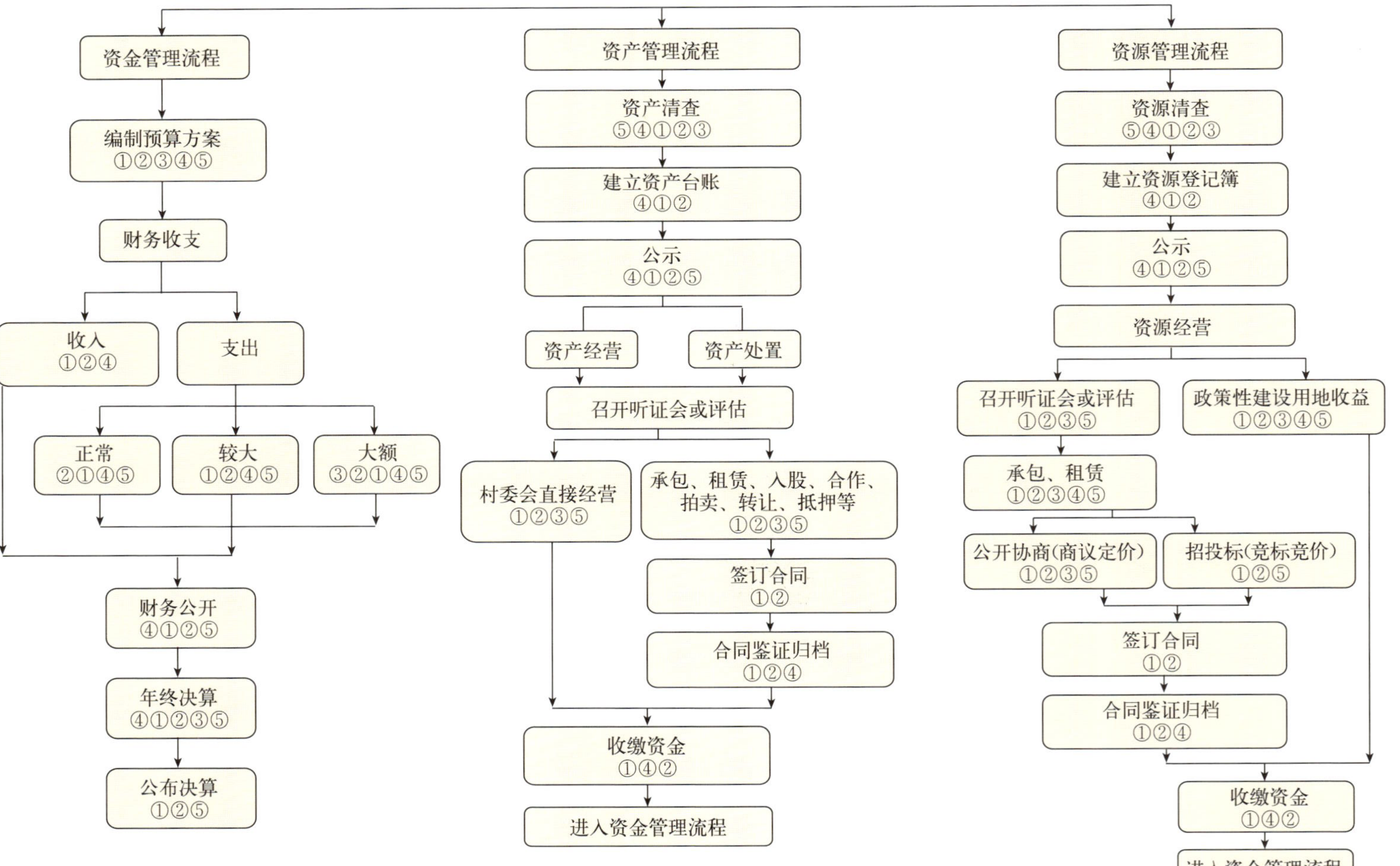

注：①村委会(或村“两委”班子)组织讨论、实施；②村监会审核、监督；③村民代表大会讨论表决；④会计委托代理中心核实、审核、备案、鉴证；⑤乡镇审核、监管、备案。

灵武市农村集体经济组织“三资”管理工作流程

（三）强化“一个模式”

根据新形势新要求，在调研和试点探索的基础上，强化“四位一体”的监管模式，全面落实市、乡、村三级农村集体资产监管责任。**一是村监管**。全市70个村均成立村民监督委员会，代表村集体经济组织依法行使集体资产监督权；承担民主理财职责，对购建、处置资产或资源，以及承包租赁等重大经济支出事项实行民主决策，重大事项实行民主评议考核。**二是乡审核**。对村级实行“一村一账户”“两个纳入”“四签两审”“五牙子章”民主理财管理机制，对村级财务公开度、透明度进行全程监管。**三是市审计**。市农经站每年对村集体经济组织开展财务收支审计、干部任期经济责任和离任审计，对征地补偿款使用管理、“一事一议”筹资筹劳等进行专项审计。**四是纪检监管**。自2015年起，从市农经站陆续抽调10名业务骨干到市纪检委党风政风监督室挂职锻炼1～2年，增强专业人员力量，提高纪检监督效果，有效杜绝村干部弄虚作假、违法违纪问题的发生，从源头上遏制村干部的“微腐败”。

灵武市崔渠口村村务公开栏

（四）搭建“一个平台”

为不断提升农村集体“三资”管理水平，灵武市把加强信息平台建设作为重心和基础，先后为每个乡镇配备电子公开显示屏，建设网格化管理、信息化支撑、全程化服务、群众满意的“三化一满意”平台。通过平台向群众发布党建、便民服务、纠纷调处、村级财务、土地信息等多方面信息，做到“凡事有反映、事事有回音、件件有落实”。市信息化服务中心和农经站联合开发支出公开系统，对村级所有支出事项以短信形式发送到所辖村队农户手机，公示72小时后付款。“三资”信息服务费和“三化一满意平台”的信息服务费均已纳入财政预算。

（五）创新“一个做法”

自2017年起，对全市70个村党组织进行评星定级，按照一星级10万元、二星级20万元、三星级30万元、四星级40万元、五星级50万元的标准，为各村安排“聚力工程”担保基金，并统一注入设在灵武市融资担保有限责任公司的“聚力工程”担保基金专户。融资担保公司通过与金融机构合作，以1∶10的比例放大贷款，以优惠利率支持农民申请贷款发展农业生产和第三产业，并将部分贷款收益分配给村集体，增加村集体经济收入。

二、“三个值”发挥效应

（一）资产保值

全市清产核资后，健全完善了集体资产登记、保管、使用、处置、监管、清查、报告等各项制度，集体资产得到了更加严格的保护。结合扫黑除恶“三资”专项清理整治，对资源发包合同、资产租赁合同、资金入股协议等邀请律师进行再审查重签订，集体资产流失和闲置现象明显减少，违纪违规问题明显下降，促进集体资产保值增值。

（二）财富增值

为有效解决集体资产产权“人人拥有，人人没有”的虚置悬空状态，2019年全面完成70个村的农村集体产权制度改革试点任务，把村集体资产所有权确到村集体经济组织，向70个经济（股份）合作社划转经营性资产4 577.3

万元，年末有 5 个股份经济合作社实现分红，分红总额 97.7 万元，7 527 名股东分享改革红利。

（三）地位升值

面对农村经济发展新形势，灵武市农经部门提高管理水平，积极调整思路，主动参与农村改革，下沉乡镇、驻村实地指导会计核算、清产核资、产权制度改革、发展壮大村级集体经济等工作，成为市乡党政领导离不开的助手、村干部的指路人、农民的贴心人，有效提升了农经部门的地位。

二、强化审计监督，探索管理职能独立化

江苏省太仓市：

专业机构为集体财富加道“安心锁”

编者按： 江苏省太仓市探索引入社会中介组织管理农村财务，重新理顺镇级监管部门、村集体、第三方代理三者之间的关系，建立“独立化监管”，强调“精细化把关”，采取“平台化操作”，实现钱、账分管，充分发挥会计的监管职能，保证了集体资金安全。

江苏省太仓市辖 9 镇（区）92 个村（涉农社区），村集体经济实力较强，集体“三资”体量较大。2014 年以来，太仓市实行第三方代管村级财务，搭建起覆盖市、镇、村三级，联通部门、集体、银行三方的农村集体财务监管平台，通过不断健强队伍、健全制度、创新手段，实现了会计独立化、管理精细化、监督平台化。

一、“独立化监管”让集体资产不再“跑冒滴漏”

（一）引入第三方机构，实现会计独立化

太仓市各镇区均已建立农村集体财务监管中心，通过公开招标程序，每个镇区选定一家第三方财务管理机构，由其派驻一名财务总监进行日常工作管理；镇、村分别与中介机构签订协议书，明确其在原始凭证审核、收支审批、资金票据监管、固定资产管理、会计核算、资料归档等全过程的权责，并由中介机构公开招聘录用驻镇会计、驻村出纳。村级新设资产办主任岗位，由原村会计担任，职能从具体业务操作转向审核指导。镇财务监管中心与银行签订监管协议，银行对支票进行核对、审核。

（二）打造“互联网＋监管”，释放最大监督效能

太仓市针对农村集体财务管理中的薄弱环节、关键风险点，打造太仓市农

村集体“三资”监管平台，实现资金管理、票据管理、账务管理、支出审批、财务公开、预警监控等环节全部线上进行。截至2020年，平台在管账套540套，在管资金9.7亿元。同时，深化村银联动，将银行纳入农村集体资金监管体系，开通网络端口，通过数据对接、支票审核、直联付款等，有效避免挪用集体资金的违法行为，为集体资金安全再加一道保护锁。

二、“精细化把关”为集体资产“保驾护航”

（一）密织制度网络，突出全面、系统

2014—2019年，以《太仓市农村集体资金资产资源管理办法（试行）》为基础，市级层面先后出台农村集体财务管理相关制度文件28个，形成覆盖货币资金管理、农村票据管理、财务预决算管理、债权债务管理、民主公开、农村集体经济审计、社会中介代理记账机构监管、财务档案管理、队伍建设等方面全方位、立体式的制度体系，把集体财权牢牢关进制度的“笼子”。各镇、区财监中心贴合第三方机构的工作特点，建立各项管理制度和工作流程，并制作挂图上墙，包括员工守则、考勤休假制度、员工聘用管理制度、人员配置及职能、薪酬福利制度、工作流程、印章管理规定及保密制度等。

村民使用“e阳光”平台查看村务信息

（二）建强财会队伍，保证稳定、专业

针对2014年以前财会队伍的人员老化、素质不高、流动频繁、意识松懈等问题，太仓市多管齐下进行机构重设计、人员大调整，狠抓素质建设不放松。**一是配齐乡镇监管队伍**。分管镇长挂帅财监中心，农经业务副站长担任副主任，主抓监管工作，农经站配备工作人员专门负责财务监管业务。**二是配强**

村资产办主任。出台《关于加强村集体资产办主任队伍建设的意见》，明确资产办主任负有编制预算、监督收支、民主公开、会计档案管理等岗位职责；明确选任资产办主任的年龄、学历、工作经验等方面要求；同时，建立教育培训机制、激励保障机制。**三是严选第三方人员**。选聘第三方人员时，坚持专业素质与经验能力并重；对派驻财务人员的会计经验、学历、年龄提出具体要求。目前，全市共引入第三方中介机构4家；派驻的135名财务人员（财务总监8名，驻镇会计30名，驻村出纳97名）均具有大专以上学历，年龄在30～50岁的占比近80%。**四是重视培训交流**。各镇区建立起镇、村、代理财务人员定期业务交流机制，不断提高业务素质和履职能力。**五是健全考核机制**。出台了《关于进一步完善第三方代理村集体财务工作的意见》，注重对第三方机构的监督考核，将考核与续约、解约挂钩，督促第三方中介机构及人员认真履约。

三、"平台化运作"使集体资产实现"实时监管"

（一）"数字化＋管理"，提升综合监管水平

通过预先的监管设置，农村集体财务监管平台各项财务工作必须按设置执行，否则无法继续工作流程，有效实现监控前移；利用平台预设报警信息，及时发现村财务管理上存在的问题，第一时间处理，堵住集体财务管理上的漏洞，实现了实时在线监控，提高监管效率。市、镇、村三级联网、动态监控，各级管理部门均可实时在线查看对应级别的农村集体财务、资产、交易等数据信息及异常预警，随时掌握动态情况，进行针对性监控，借助数据手段实现优化管理、科学决策。

村资产办主任使用"三资"监管平台工作

（二）“网络化＋公开”，拓宽财务公开渠道

通过阳光村务监督平台，保障了农民群众对集体经济事务的知情权、监督权，助力基层民主建设。2018年以来，太仓市全面推广“阳光行动”，率先采用微信公众号形式建立阳光村务监督平台，被江苏省作为典型在全省推广。全市92个村（涉农社区）均已建立“e阳光”微信公众号，由专人负责，将集体财务公开、资产交易、农户补贴等信息及时推送到户、随时可查，解决以往公开渠道单一、效果不佳的问题。印发《关于进一步完善农村集体“三资”管理“e阳光”平台的通知》，规范信息审核流程，明确信息质量要求，确保信息发布准确、严谨、及时。通过积极宣传发动，农户关注率近100%。

江西省南昌市青山湖区：
“五统一审四监督”打造村财监管“闭环”

编者按：江西省南昌市青山湖区逐步摸索形成“五统一审四监督”工作法，实行农村财务事前、事中和事后全程监督和规范管理，将审计监督常态化、规范化、制度化，促进了集体经济跨越式发展和城乡协调发展，切实提高了村民的获得感、幸福感。

青山湖区位于江西省南昌市城东，常住人口约64万，辖4镇、4街道及1个省级工业园区，共60个行政村，均属典型城郊融合类村庄。全区集体资产近95亿元，资产“亿元村”占比近60%。2019年，村级集体经济收入4.34亿元，村均收入超过700万元，100万元以上经济强村占比高达80%。通过统一资金审批流程、统一资产购置流程、统一资产处置流程、统一基建工程审批流程、统一合同签订程序的“五统一”，实现对镇、村集体“三资”运营的事前监管；将村干部任期和离任经济责任审计全面纳入区审计局审计范畴的“一审”，实现事后常态化审计监督；实行群众监督、镇（园区）“三资”办监督、区“三资”办监督、纪检监察监督的“四监督”，形成上下联动，事前、事中和事后全程监督体系。

一、高站位谋划，拧紧责任链条

一是区级成立领导小组。早在2012年，为压实工作责任，区委、区政府成立了区委副书记任组长，区政府常务副区长、纪委书记及区政府农业农村、金融资产分管领导等8位副县级领导任副组长，区纪委监委、农业农村局、审计局、财政局、民政局等部门主要领导为成员的领导小组，领导小组办公室设在区农业农村局，统筹协调推进工作，各业务部门各司其职，对农村集体“三资”管理工作进行指导和监督。**二是镇级成立管理机构**。各镇（园区）成立农村集体“三资”管理办公室，配齐专业人员，承接“村账镇（园区）代”、集体资产流转交易、村级财务监管等工作，形成对口管理和专业服务。**三是村级设立专管人员**。各镇（园区）根据实际向各村指派一名报账员，具体操办“三资”管理工作，享受村党支部副书记待遇。

青山湖区昌东工业园区石桥村监督委员会例会研究村级财务管理问题

二、全流程管控，扎紧制度笼子

一是健全完善管理制度。2014 年，在探索实践的基础上，重新修订印发《青山湖区村集体资金、资产、资源监督管理暂行办法》《青山湖区村集体“三资”审批管理“五统一”实施细则》《青山湖区违反农村集体“三资”管理规定责任追究办法》，进一步规范统一了资金审批、资产购置、资产处置、基建工程审批、合同签订等工作程序，明确了违规责任追究办法。**二是坚持落实民主管理**。通过建立健全镇（园区）公共资源交易站、“三资”公开栏、村务监督委员会等，运用“互联网+”等手段，坚持实行财务收支情况按月公开，对涉及村民切身利益的事项、群众普遍关注的集体资产去向、大额资金管理使用、土地征用补偿费到户明细等，采取即时公开方式接受广大村民的监督，实现村级财务民主管理和全面公开。**三是全面实行“村账镇（园区）代理”**。2009年起，全面实行了“村账镇（园区）代理”制度，各镇（园区）“三资”办聘请财务会计若干名，建立了定期业务培训制度，对所辖各村的账户进行统一管理。于2012年率先引进“谐农三资电子监察管理系统”，实现了农村“三资”网络科技化管理、村级账务处理实时监控，有效杜绝了“三资”监管的漏洞与盲区。

三、多维度监督，堵塞监管漏洞

一是审计监督常态化。区审计局每年将村干部经济责任审计列入审计计划，按照三年一轮全面审计、财务收支经济发达村每年一审和经济欠发达村两年一审的原则进行审计。审计内容包括村委会的村集体资产、负债、损益、村财务收支情况、土地管理、工程建设管理等情况，以及村主要干部有无违纪现象等群众关心的热点问题，为村集体经济健康发展和村“两委”换届提供有力保证。**二是专项治理规范化**。2018年开展了农村集体“三资”领域侵害群众利益的不正之风和腐败问题专项治理，共排查出28个问题，予以分类处置和整改，共追缴、完善手续账款514.9万元，其中追缴手续账款467.68万元；规范“三资”管理的使用，健全手续20条；对个别村违规发放村干部津贴，由相关镇纪委进行了诫勉谈话。**三是纪检监察制度化**。区纪委着力打好“操守牌”“问责牌”“预防牌”，持续强化“三资”领域监督执纪问责，将“加强农村党风廉政建设”写入区委责任清单，先后开展了村级“两委”干部“严三守、树三清”廉政教育活动、基层党风廉政建设突出问题专项整治等一系列活动。将镇（园区）村集体“三资”管理工作列入年度目标管理考核，将巡察触角延伸至镇街和村社，查处个别村书记“围猎”村级工程项目、违规处置村集体资产、侵占村集体资金等一批典型案件，撰写编印案例剖析材料《小小村官缘何无法无天》，并开展警示教育，增强了基层党员干部的廉政风险防范能力。

青山湖区塘山镇青湖村三资管理制度

四、深层次释能，增强农民获得感

一是做大做强集体经济。各村通过“盘活资产打基础、以地换地拓空间、招商引资谋发展”等方式，兴建楼宇、发展实业，积极推进村集体金融、商贸、物流业发展，实现集体经济跨越式发展。2019 年，村级集体经济收入 4.34 亿元，村均收入超过 700 万元，100 万元以上经济强村 47 个，占比近 80%。**二是规范提高村干部报酬**。2014 年，出台了《青山湖区关于进一步规范村干部报酬管理的意见》《青山湖区关于规范村级工作用车管理的意见》《青山湖区关于规范村干部出国（境）管理工作的暂行办法》，进一步规范了村干部报酬福利、用车管理等待遇，激发村干部工作积极性、主动性和创造性。三

是让农民共享发展红利。随着村级经济发展壮大，百姓福利不断增多，实现了农民“老有所养、劳有所得、学有所教、住有所居、病有所医”的小康生活。例如，在湖坊镇进顺村，村民可享有股权分红、城镇居民医保社保、医疗关怀、困难补助救助、长寿奖等19种村集体福利。2019年，仅股权分红就达900多万元，户均超过2万元。

湖北省英山县：

引入“第三方”管好村级“钱袋子”

编者按： 湖北省英山县根据本地实际情况，积极探索新型财务管理模式，引入第三方公司负责村级财务管理，搭建会计核算网络平台，更加规范化、精细化、专业化地管理集体资金，实现了农村集体财务会计核算服务职能与审计监管职能分离，确保农村财务管理专业性、独立性，形成立体监督网，推进了农村财务工作规范化、制度化建设。

英山县地处湖北省东北部，位于大别山主峰南麓，面积 1 449 平方千米，辖 3 乡 8 镇共 309 个行政村，总人口 40.5 万人。2019 年，全县村级集体经济收入达到 1.45 亿元，比 2018 年增长 42.15%。为进一步规范村级财务管理，提高资金支出透明度，英山县结合深化财政管理体制改革，引入“委托第三方”管理理念，依托财信众联会计服务股份有限公司“村居财务通”平台，运用“互联网＋会计工厂”新型财务管理模式，为全县 309 个村提供代理记账服务。

一、坚持问题导向，构建村级财务管理新思路

（一）强化顶层设计

近年来，随着农村集体经济不断发展壮大，农村集体经济组织经济活动日趋复杂，多元化经营特征明显，对农村财务管理提出了更高的要求，但是一些地方依然存在账目公开不及时、手续不齐全、核算不统一、监管不到位等弊端。对此，英山县坚持问题导向，大胆改革、勇于创新，出台了《英山县关于进一步加强村级财务管理的有关规定》，要求坚持村级集体“三资”所有权不

变、村级集体资金使用权不变、村级作为独立核算的主体地位不变、村级财务的审批权不变“四个不变”，实现规范村级财务收支审批程序、规范报账程序、规范财务公开程序“三个规范”，着力建立高效、便捷、开放的村级财务管理体系。

（二）凸显主体责任

实施在线“三个规范”后，建立健全了以村党组织为核心、村民代表大会为决策主体、村委会为执行主体、村监委会为监督主体、第三方代理记账提供服务的“五位一体”治理体系。作为村级财务管理第一责任人，村主任通过“村居财务通”手机软件，随时随地查阅村财务收支情况，实时掌握村里的报账工作。主体责任意识得到强化，其他相关主体也担负起相应职责，形成了规范村级财务管理的合力。

二、推进流程再造，建立科学合理财务管理新模式

（一）坚持四级联动

按照“政府主导、乡镇督促、部门监管，村级主体”原则，运用“互联网+会计工厂”的新型财务管理平台，建立村级报账员手机上传票据、前端会计驻乡（镇）指导、后台会计在线审核记账、财政所负责日常监督管理的村级财务管理新模式，打通村级财务规范最后“一公里”。

（二）规范服务流程

按照财务管理要求，规范代理记账12项服务流程：业务发生→单据汇集上传→系统初审→集中会签→财务公示→超限报批→资金结算→凭据交接→账务处理→报表生成及预警→档案整理归档→数据查询及反馈。对村级报账员、前端会计、会计工厂各环节的服务流程都十分清晰，便于操作。

（三）把握六大步骤

第一步，按政策规定整理票据及附件；第二步，上传票据；第三步，联系前端会计告之上传的笔数；第四步，由前端会计通知报账员打印会签单；第五步，将票据与会签单送理财小组审核签字盖章；第六步，村报账员打印会签单在公示栏公示。

通过流程再造，改变了过去村报账员需要不停在村镇间奔波劳顿、效率不高的状况。委托北京财信众联会计服务公司进行“在线村居财务服务”后，借助“村居财务通”手机软件实现了对所有村级财务信息的网上审核、网上记账、网上公开。第三方启用手机拍照报账和远程审核记账机制，报账员只需严格按照规定拍照上传，即可完成报账，省去了来回奔波的麻烦，也便于查漏补缺和信息纠错，实现让数据“多跑路”、让报账员“少跑腿”。

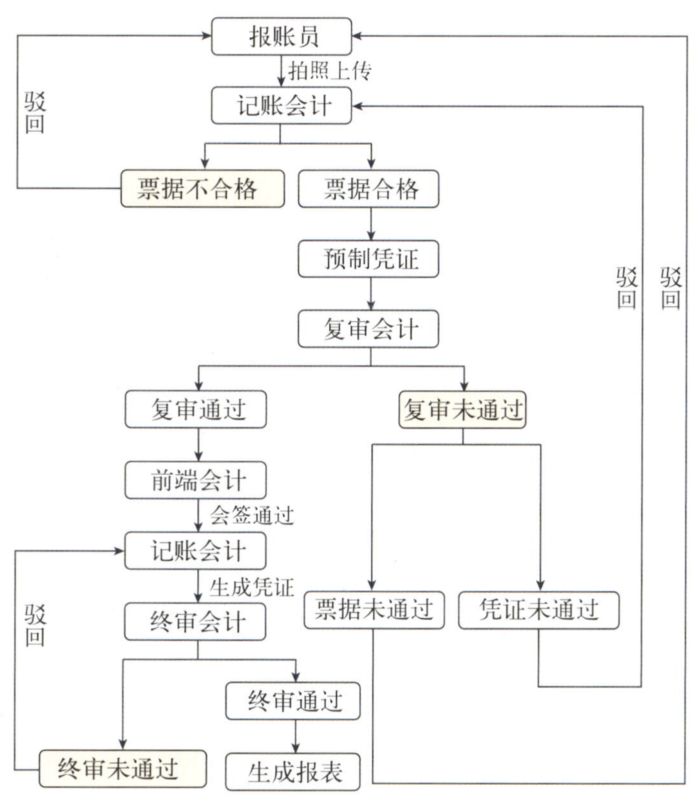

“互联网＋会计工厂”业务处理流程图

三、提高运行质效，健全财务监督新机制

（一）定期公开到位

过去农村财务公开存在时间不及时、公开内容不真实、反馈机制不健全等问题。通过第三方代理记账后，定期“张榜公开”，在具体操作上做到“三个规范化”。“三个规范化”，即公开时间规范化，村级每月财务收支会签通过后，

做到及时公开；公开地点规范化，统一选择在村“政务公开栏”张贴；公开内容规范化，涉及村扶贫资金、惠农补贴、集体资产处置、土地征用补偿与分配、村级债权债务等内容的均全面公开。“三个规范化”向村民交了一本“明白账”，许多涉及群众切身利益的事，群众看得清楚明白，由误解变理解，让群众吃了“定心丸”，由猜疑变信任，干群关系更加融洽。

英山县第三方代理暨行政事业单位财务规范化管理现场推进会

（二）立体监管到位

全县建立“1＋1＋2”新型财务监管机制，即突出“一个主体”，村集体是村级财务管理和决策主体的地位不变，审批程序不变；实行一家代理，通过政府招标采购，委托北京财信众联会计服务公司，运用“互联网＋”为村级提供记账代理服务；强化两层监督，财政所负责日常监督，纪检部门负责再监督。立体监管发挥了三重功效：**一是有效解决了既当“运动员”又当“裁判员”的问题**。乡镇财政工作人员普遍认为，用现代化手段进行规范化处理，既能提高村级财务管理水平，又能促使财政干部监督职能回归。**二是监督力度由弱变强**。形成了“政府主导、财政部门监督、村级财务独立核算、第三方代理记账”的工作新格局。通过预设登录权限，有利于县、乡、村和群众及时掌握村级经济运行情况，方便职能部门审计不出户，不仅保障了资金安全，避免了人为操作，还切实增强了基层干部法纪意识、规范意识、廉洁意识，达到了不想腐、不能腐、不敢腐的效果。**三是有力推进了基层廉政建设，有效激发了乡村发展活力，完善了乡村治理机制，促进了农村社会和谐稳定**。

（三）齐抓共管到位

全面实行“四议两公开”议事决策制度，充分发挥村务民主监督委员会的监督作用，形成“村财民理、网上审核、阳光操作、代理记账”的工作机制，齐抓共管，推动村级财务管理日臻制度化、规范化、常态化。

重庆市江津区：

擦亮农村审计“利剑”

编者按： 重庆市江津区专门设立农村集体财务审计监督管理机构，搭建全区农村“三资”监管平台，不断增强农村集体财务审计监督力量，采用多种审计形式开展全方位审计，建立起农村集体“三资”规范管理与审计监督长效机制，推动农村集体财务管理和监督向经常化、规范化、制度化发展。

江津区位于重庆市西南部，面积 3 200 平方千米，辖 30 个镇（街）、232 个行政村（涉农社区）；总人口 148.9 万人，总户数 62 万户，其中乡村人口 76.6 万人。2019 年，全区村级集体经济总收入 2.14 亿元，村均收入 92.27 万元，村均经营性收入 6.2 万元；所有村级集体经营性收入均突破 3 万元，38.5%的村达到 10 万元以上。江津区通过加强机构、人员队伍建设和规范化管理，建立起了农村集体“三资”规范管理与审计监督长效机制。

一、锻造一支生力军

2013 年，江津区成立农村集体财务审计监督管理中心，与区农经站合署办公；通过区编制办公室明确 6 个编制，负责全区村（涉农社区）、社（组）财务审计业务指导和监督管理。30 个镇（街）均成立农村集体“三资”管理办公室，统一设在镇（街）财政办，配备 2～5 名专职、兼职工作人员；成立农村集体财务审计小组，明确 1～2 名专职、兼职工作人员，名单报区农委备案。上述两个机构在镇街党委政府领导下开展工作，具体业务由区农委农经站、财政局和审计局培训指导。全区共落实 52 名专职、兼职工作人员从事农财审计工作。2014 年，区委、区政府增补区农业农村委员会为区经济责任审计领导小组成员单位，农村财务审计监督管理工作正式编入全区经济责任审计五年轮审规划。2019 年，在机构改革中，明确区农经站加挂“重庆市江津区农村集体财务审计管理中心”牌子，进一步健全农村集体财务审计监督体制机制。

江津区村（社区）换届经济责任审计工作会

二、建构一套好模式

一是规范经济责任审计。制订《江津区村（社区）换届经济责任审计工作方案》，统一村（社区）换届经济责任审计的内容、对象、范围、重点及方法步骤、操作要点、工作内容，规范村（社区）换届经济责任审计的程序和方法。创新提出开展村（社区）换届经济责任审计工作的“1234”工作法，即开好一个审计工作见面会，听取村务监督委员会和群众两方面意见，抓住农村经济责任目标完成情况、财经法纪执行情况、农民群众关注的热点问题 3 个重点，把握收入清查、支出费用核实、现金存款盘存、债权债务核对 4 个环节。

明确要求村（社区）换届经济责任审计工作做到“七有、一到位”，即有审计通知书、工作底稿、原始资料复印件、证明材料、审计报告、征求被审计单位意见、审计评价意见，审计整改回访必须到位。**二是加强内审**。每年制订《村（社区）组财务收支审计实施方案》，有效指导镇（街）规范内审行为。建立农财审计工作台账，加强与区审计局、纪委监委等经济责任审计成员单位的联系与协调，避免出现重复审计、工作脱档和监督真空。联合经济责任审计成员单位集中组织业务培训，切实提升审计队伍专业化水平，确保审计监督坚决有力。

三、凝聚内外多方力

一是重点抽查审计。组建区级重点抽查审计工作组，在换届经济责任审计工作中，重点抽审区“七大平台”；根据《江津区轮审规划》，区农财审计中心每年须重点抽查 5 个村（涉农社区）。**二是循环交叉审计**。组建区级村（社区）干部任期和离任经济责任审计工作领导小组，抽调镇（街）内审业务骨干精英组成审计工作组，在全区每个镇（街）随机选择 1～2 个村（社区）开展循环交叉审计，避免点对点的简单互换审计。**三是内部自查审计**。除循环交叉审计辖区以外的村（社区），由各镇（街）自行组织成立审计组，对本辖区内的村（社区）进行全覆盖的审计评价；对近 3 年来已由区农财审计中心或区审计局审计过的村（社区），可不再重复审计已审年度财务，直接运用审计结果进行财务管理评价。**四是部门联合审计**。审前与纪委监委、信访、司法、公安等部门会商，对问题举报多、信访反映突出的村（社区）或特定事项开展部门联合审计。**五是项目专项审计**。根据舆情收集、情况反馈或领导批示要求，会同相关项目行政主管部门开展项目专项审计监督，如与区财政局开展村民“一事一议”财政奖补项目专项审计，与区国土房管局开展宅基地复垦置换专项审计，与区扶贫办开展脱贫攻坚资金使用情况专项审计。**六是聘请中介审计**。注重发挥专业审计机构优势，鼓励熟悉农村基层情况、强农惠农政策人员配合参与，引导有条件的镇（街）购买社会服务，聘请有资质的会计师事务所开展村（社区）干部任期和离任经济责任审计工作。

四、下好审计一盘棋

在经济责任审计工作中，各部门之间各司其职、通力协作。由区农委负责牵头，组织推进村（社区）换届经济责任审计工作，重点负责循环交叉审计工作和业务指导；由区审计局牵头，组成重点抽查审计小组抽审3～5个村（社区）。各镇（街）负责辖区内除已循环交叉审计的村（社区）以外的村（社区）的自查审计工作。同时，从区委组织部、纪委（监察局）、农委、民政局、财政局、审计局等部门抽调12名专业人员组成4个督查指导工作组，各成员单位分管领导任片区工作督查组组长，对全区村（社区）经济责任审计工作进行专门指导和专项督查，分片包干负责。另外，区农委、审计局针对村（社区）经济责任审计工作的进展情况和存在的普遍问题，召开座谈会，督促指导、现场答疑，解决审计工作中存在的具体问题，确保了审计工作的进度和质量。

江津区农村集体“三资”监管平台业务培训会

五、扩大公开一扇窗

农村集体财务审计工作坚持“公开、公平、公正”的原则。审计进场前在村（社区）显要位置发布审计公告；对群众反映的热点问题，通过召开村民代表会议、院坝会、个别走访等方式认真排查，确保审计的客观公正；审计报告经审计小组全体讨论，与审计对象见面并征询被审计对象意见，如有异议及时复核，无异议后通过村务公开栏向群众公布。对审计中发现的问题及时提出整改意见，限期整改；涉及违纪违法的，及时移交有关部门处理。区农财审计中心运行 7 年来，共直接抽审 28 个镇的 32 个村（涉农社区，含所属村民小组），同时指导 30 个镇（街）对 232 个村（社区）、1 822 个村民小组开展了内部审计。

甘肃省敦煌市：

多措并举构筑审计“防火墙”

编者按：甘肃省敦煌市不断规范农村集体经济审计工作规程，明确审计重点，划定审计范围，拓宽审计形式，对标对表完成审计工作，使农村集体经济审计工作逐渐走上了制度化、程序化、规范化的轨道。

甘肃省敦煌市辖8个乡镇56个村，耕地面积32万亩，总人口20万人，其中农业人口9.3万人。市、镇两级共有农经工作人员43名；其中，代理会计18名，兼职审计人员10名。市、镇两级都在经管站的基础上，成立了农村审计站。每年镇经管站普审所有村，市经管站抽审全市三分之一的村，三年一轮审。

一、梳理审计全过程

（一）严格规范审计程序

按照《甘肃省农村集体经济审计办法》《甘肃省农村集体经济审计工作规程》要求，制定规范的工作规程，确保审计工作依法开展。**一是审计准备**。成立审计工作组，对审计人员进行培训。认真制订工作方案和工作计划，提前3日向被审计单位下发审计通知书。**二是审计实施**。审计人员严格按照制订的工作方案组织实施审计，审查单据、账簿、表册、合同以及钱物，收集相关资料，制作审计工作底稿。**三是审计终结**。审计人员根据审计情况提出审计报告，发送审计征求意见书，出具审计意见书，并及时将审计意见书送达被审计单位。如有违法违纪问题，及时向农业行政主管部门上报审计建议书，建议作出行政处罚决定。**四是问题整改**。根据审计报告督促被审计单位对审计出的问题进行整改。**五是审计档案**。收集相关审计文书资料，建立档案，分类管理。

敦煌市农村审计站对村级财务进行审计

（二）始终坚持账前审计

要求乡镇经管站每月开展一次账前审计，主要采取送达审计方式。村集体经济组织经济活动发生时，经办人必须取得合法的原始凭证，注明用途并签字盖章，经民主理财小组审核签名、村主任审批后，由村出纳按规定的时间，把原始凭证分门别类整理清楚，送乡镇经管站进行账前审计。经审计符合规定的原始凭证加盖“审计专用章”；对手续不全的原始凭证退回补办；对不真实、不合法的原始凭证不予办理。未经乡镇经管站账前审计并加盖“审计专用章”的原始凭证，代理会计不准记账。

二、树立审计新规范

（一）明确审计整改重点

审计报告下发以后，要求被审计单位限期对审计出的问题进行整改，并上报审计问题整改报告。对一些重大问题，在整改的基础上组织回访，检查是否真正整改到位，确保审计整改意见和审计决定落实到位，有效维护审计监督的权威性和严肃性，提高审计质量和审计成效。

（二）明确村集体经济组织财务审计重点

审查“一事一议”资金、发包收入、土地补偿费、救济扶贫款、上级部门拨款及其他收入是否应收尽收。账面记载与实际发生额是否相符，有无漏记、错记和收入不记账的问题。货币资金账户与支出单证是否相符，经办和审批手续是否齐全，是否严格执行了财务支出审批制度，各项支出是否合理，有无违反财务制度的开支和虚报支出的情况，有无吃喝贪占现象。各种应收款项是否及时入账，有无私自向外借款的情况；各类债务是否真实，有无盲目举债和有意举债乱开支的情况。集体资产处置是否依法依规、按照规定程序办理，有无擅自处理、私分集体财产的情况；资产资源台账及发包合同签订、承包款收缴情况。是否存在公款私存、借支挪用、白条抵库、私设“小金库”和账外账的问题；是否存在超标发放村干部工资、奖金和补贴，违规开支应由个人承担的各种费用问题；有无滥用职权侵占、挪用和长期占用集体资金、资产等问题。

（三）明确村干部离任审计重点

除财务审计内容外，重点审查任期内村民人均可支配收入是否增长；农村基础设施建设任务是否完成；村级集体资产是否增值、债务是否下降；集体资产与财务管理制度是否健全，落实是否到位；有无违规决策给集体造成重大损失的行为。

（四）明确农民负担专项审计重点

审查“一事一议”资金的收缴及管理使用情况、水费分摊收缴情况及其他向农户收费情况。

（五）明确群众上访案件专项审计重点

对群众的上访诉求进行审查，及时公开审计结果，让群众满意。

三、打造审计立体网

（一）坚持普审和抽审相结合

镇经管站每年普审所有的村，市经管站每年抽审三分之一的村，三年一轮审。镇经管站重点审计账账、账款、账物是否相符。市经管站重点对村组财务收支情况、村级办公经费支出情况、村组基建项目执行情况、土地补偿费使用情况及村组资源、资产发包、租赁、出售情况等进行审计。

敦煌市农村审计站到各镇对村组干部进行培训

（二）坚持多种方式开展审计

为了使审计监督工作不间断地顺利开展，敦煌市在审计工作经费和审计人员均缺乏的情况下，坚持采取多种方式开展审计。**一是**由市经管站审计人员独立组成审计组到被审计单位开展审计。**二是**抽调各乡镇经管站审计人员和市经管站审计人员组成审计组，由市经管站审计人员带队到被审计单位开展审计。通过抽调乡镇审计人员参与审计工作，不但完成了审计任务，而且使乡镇审计人员通过交流学习，提高了业务水平。**三是**由各乡镇经管站单独组成审计组到其他乡镇交叉开展审计。**四是**通过购买服务委托审计事务所进行审计。

三、加强制度建设，促进管理流程标准化

河北省石家庄市鹿泉区：

一工一单　一月一结
劳动用工套上“监管笼头”

编者按：河北省石家庄市鹿泉区在农村集体劳动用工管理中找准问题，制定落实了专人派工、使用派工单、派工汇总、一月一结算、银行转账支付、用工专项公开6项操作性强的劳动用工管理制度，用制度管人、管事，从根本上解决了村级乱用工问题，赢得了群众信任。

河北省石家庄市鹿泉区辖13个乡镇（区），208个行政村；实行村级财务委托乡镇代理服务制，村集体账目、资金委托乡镇农经站代理。截至2019年底，代理村级资金10.53亿元，村级总收入3.94亿元；总支出3.81亿元，其中劳动用工支出约为1.71亿元，占总支出的45%。随着农村社会经济发展，农村集体劳动用工呈现用工数量大、用工标准多样、用工项目繁多、用工支出金额倍增等特点。对此，鹿泉区农经站积极出台相关制度，规范劳动用工，确保用工支出经得住“推敲”。

一、进村入户“揪”问题

2018年，鹿泉区农经站专门组织人员，深入到乡镇、村，通过座谈、走访、查账等形式，对村级劳动用工进行了深入细致的调查、分析，发现村集体劳动用工主要表现在村级清理街道、打扫卫生、清理渠道等临时性、零散性用工，用工琐碎、繁杂，名目繁多。

（一）座谈走访摸出派“偏工”、派“人情工”问题

通过到群众家里走访，开闭门座谈会，鹿泉区农经站摸出了一些村在派工

时优亲厚友，存在派“偏工”、派“人情工”的问题。

（二）调查分析筛出虚假用工

近年来，美丽乡村建设、庭院治理、环境卫生整治等工作不断推进，客观上导致用工量快速增长。区农经站以用工量最大的环境卫生整治为调查重点，对某镇涉及环境卫生整治工作的所有劳动用工进行了审计，发现了重复用工、虚增用工、虚假用工等问题。例如，某村的一张会计凭证显示，同一名村民的两次用工时间在 9 月份有 4 天重复计算，经核实，后一笔用工为虚假用工。

（三）检查发现村级用工公开情况不规范

在对村级财务公开栏、公开档案进行检查时，区农经站发现公开的用工情况内容不细、项目不清，有的村只公开劳动用工项目、用工金额，有的村将多个用工项目混在一起公开等，群众难免对用工的真实性产生疑问。例如，某村 8 月份公开表上的用工情况没有用工项目、用工标准、用工时间、用工天数等明细材料。

（四）审计账目查出用工入账不及时、扎堆入账问题

区农经站对村级用工情况开展了专项审计行动，查出一些村集体经济条件差的村，没有能力及时结算，只能等到村集体有钱了才兑现工钱入账，导致扎堆入账。审计发现，当年账目出现 6 年以前的用工凭证，询问当事人后得知，当年村无力结算用工款，就让出工人员拿着原始凭证，等村里有钱了再下账。这样的用工，因间隔时间长又未纳入账内核算，造成其用工项目的真实性难以考证，导致故意编造用工内容、盲目提高用工标准等问题发生。例如，某村报销以往年度的用工款达 10 余万元，其真实性却无法查证。

二、精准施策“解”问题

针对村级劳动用工存在的问题，鹿泉区农经站在充分调查研究的基础上，以可操作性强为出发点，制定和完善了专人派工、使用派工单、派工汇总、一月一结算、银行转账支付、用工专项公开 6 项管理制度，以制度管事、管人，

农村劳动用工乱问题从根本上得到了治理。

（一）明确用工范围和流程

村级劳动用工范围仅包括村级生活中的各类零散用工，不包括村级使用机械设备等项目。村级劳动用工要按流程派工。首先，劳动用工标准由村“两委”提议，党员大会审议，村民代表会决议确定，明确专人派工，并填写派工单；按月汇总，填写劳动用工汇总表；村会计依据派工单和劳动用工汇总表填制劳动用工报酬审批（发放）表，按照村级财务报账流程进行审批报账；月末，将劳动用工汇总表、劳动用工报酬审批（发放）表在村务公开栏内进行专项公开。

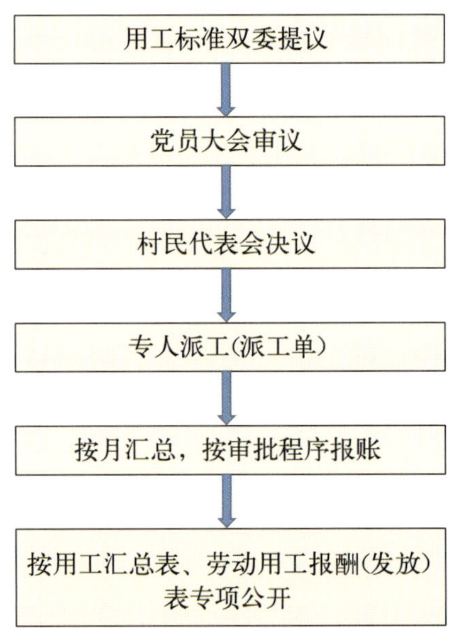

鹿泉区村级劳动用工流程图

（二）推行专人派工和备案

为解决村干部谁都能派工、越派越乱问题，区农经站明确要求，村级劳动用工必须确定一名“两委”干部专门负责派工，并制订了派工人员备案表；各村派工人员名单报乡镇（区）农经站统一备案，备案表需要派工人员本人签字，用于核对派工单上的签字和备案表上的签字是否一致。全区共确定备案派工人员208人。

派工单（样单）

____________村______月劳动用工派工单

编号：

<table>
<tr><td>用工项目</td><td colspan="5"></td></tr>
<tr><td>用工时间</td><td>年　月　日至
年　月　日</td><td>用工天数</td><td></td><td>用工人数</td><td></td></tr>
<tr><td>用工标准</td><td></td><td>派工人员</td><td></td><td></td><td></td></tr>
<tr><td>用工人员</td><td colspan="5"></td></tr>
</table>

备注：村报账员根据派工单填制劳动用工汇总表和劳动用工报酬审批（发放）表。

石家庄市鹿泉区村集体经济组织

月劳动用工报酬审批（发放）表

__________乡镇 ______村 ______年 ______月 ______日　　共____页　第____页

<table>
<tr><th>姓　名</th><th>用工项目</th><th>出工
日期</th><th>出工
天数</th><th>日工值
（元）</th><th>金额
（元）</th><th>领取人签字</th><th>备注</th></tr>
<tr><td></td><td></td><td></td><td></td><td></td><td></td><td></td><td></td></tr>
<tr><td></td><td></td><td></td><td></td><td></td><td></td><td></td><td></td></tr>
<tr><td></td><td></td><td></td><td></td><td></td><td></td><td></td><td></td></tr>
<tr><td></td><td></td><td></td><td></td><td></td><td></td><td></td><td></td></tr>
<tr><td></td><td></td><td></td><td></td><td></td><td></td><td></td><td></td></tr>
<tr><td></td><td></td><td></td><td></td><td></td><td></td><td></td><td></td></tr>
<tr><td></td><td></td><td></td><td></td><td></td><td></td><td></td><td></td></tr>
<tr><td></td><td></td><td></td><td></td><td></td><td></td><td></td><td></td></tr>
<tr><td colspan="7">合计金额（大写）</td><td>￥</td></tr>
</table>

村书记：　　　　村民主理财审核章：　　　　村报账员：

村主任：　　　　派工人员：

（三）统一派工单编号并汇总

派工人员进行派工时，对派工单进行统一编号，一月一编号，月底由派工人员将本月派工单交给村报账员进行汇总，由村报账员填写劳动用工汇总表，目的是实现派工人员和汇总人员互相监督。汇总表按出工人员姓名、用工日期、用工编号进行汇总，每个人本月用工日期、天数一清二楚，杜绝重复用工、超自然天数用工等问题。

2020 年 2 月劳动用工汇总表 2020年 2月 29日

序号	姓名	1	2	3	4	5	6	7	8	9	10	11	12	13	14	15	16	17	18	19	20	21	22	23	24	25	26	27	28	29	30	31	合计天数
1	石小楠	1	1		1																		4						4				5
2	张淑贞	1	1		1																		4						4				5
3	赵石成	1	1		1	5	5	5	5	5	5										5	5											11
4	梁明星	1	1		1																10	10	10	10	10	10	10	10	10	10			13
5	雷振平	1	1		1																												3
6	王彦刚	1	1		1																								1	1			5
7	高秋太	1	1	1	1	1	1	1													1					1							9
8	王俊刚	1		1		1	1	1													1	1	1	1	1	1	1	1	1	1			15
9	曹新平		1	1	7			7	7	7																							6
10	高秀平		1	1	7			7	7	7	7	7	7	7	7	7	7	7	7	7	7												17
11	高廷良		1	1																	1					1							4
12	宿义珍		1	1	7			7	7	7		7	7	7	7	7	7	1	7	7	7					11	11						18
13	黄青英		1	1	1																												3
14	黄秀君		1	1	1																												3
15	刘秀娥		2	2	2																												3
16	张秋玉		2	2	2														4						4								5
17	高锁江																2	2	2	2	2	2	2	2	2	2	2	2	2	2			14
18	柏华																2	2	2	2	2	2	2	2	2	2	2	2	2	2			14
19	胡宗江	7	7		7			7	7	7	7	7	7	7	7	7	7	7	7	7						11	11						18
合计天数		9	16	10	15	3	3	7	5	5	3	3	3	3	3	3	5	5	6	5	9	5	6	4	5	8	6	4	7	5	0	0	171

派工人员签字：高琪　　汇总人员签字：封伟刚　　附件：派工单　　张　　备注：1、派工单按时间顺序编号；2、统计内容按派工单序号填写

2020 年 2 月鹿泉区劳动用工汇总表

（四）推出用工月结和月清

本月的劳动用工要本月结清。结清有两个含义：**一是**村级能及时支付报酬的，及时支付；**二是**村级不能按时支付报酬的，在月底前要纳入内部往来账处理。具体做法：月底由村派工人员将本月派工单交给村报账员，由村报账员据此填写劳动用工汇总表和劳动用工报酬审批表，按相应程序审批后，会同派工单一并入账；支付时，填写劳动用工报酬发放表，按规定进行支付。本月无劳动用工的，由村级出具相关证明报乡镇农经站备案。无派工单或本月用工结算

后又出现以前月份用工的，一律不得入账。

（五）实行转账结算并将清单入账

各村要积极筹措资金，加强劳动用工款的及时兑现。所有劳动用工必须通过银行转账形式结算，并将银行转账支付清单入账。不得使用现金结算，杜绝大额现金支付问题。

三、细致公开“化”隔阂

鹿泉区以检查劳动用工公开情况作为衡量制度是否得到落实的切入点，制定、细化劳动用工公开的标准，要求村级公开直接张贴派工人、汇总人签字的劳动用工汇总表和劳动用工报酬审批（发放）表，不合理用工问题得到扭转，赢得了广大群众的满意和信任。

（一）无序派工得到规范

为确保用工派工程序规范，区农经站专门设计了劳动用工流程图，统一了派工流程，将制度和流程图发到各村，村级按流程图规范派工。

（二）虚假用工得到纠正

劳动用工的制约机制、互相监督机制，在派工中充分发挥了重要作用，重复用工、虚增用工、虚假用工问题丧失了生存空间。

（三）扎堆入账得到根治

按照农村习惯，春节前是兑现劳动用工的高峰期，劳动用工扎堆下账、泥沙俱下现象较为突出，村级资金筹措、兑现不及时又引发信访矛盾。一月一入账制度的推行，从源头上杜绝了扎堆入账的问题。

（四）公开不够得到改善

劳动用工实行专项公开、明细公开，使得村干部不敢乱用工、用人情工。在派工时，村干部更透明、更阳光、更公平，得到了群众极大认可和信任。

山西省阳城县董封乡：
着眼“五有”目标 破解贫困山区农村财务治理难题

编者按： 山西省阳城县董封乡坚持问题导向，针对大额资金审批、专用票据管理、票款核对等财务管理薄弱环节建立了专项制度，完善了村级重要事项的决策流程体系，走出一条经济欠发达乡村的财务规范化管理之路。

山西省阳城县董封乡位于山西省东南部，共有农业人口 3 707 户 7 308 人，确权土地面积 27 692 亩，下辖 23 个行政村、263 个自然庄。2019 年，全乡农村经济总收入 2.25 亿元，农村居民可支配收入 10 594 元。党的十八大以来，董封乡把农村财务管理摆在推进贫困山区农村党风廉政建设的重要位置，探索推行各项农村财务管理新机制，堵住了村级财务管理漏洞，彻底消除了村居干部“一言堂”，避免了村居财务监管“灯下黑”。

一、推行“1+3”“三资”管理新机制，集体钱袋有铜锁

董封乡从 2010 年开始，在全乡尝试推行“1+3”资金管理制度，即现金“零”支付制度+限额审批制度、收款收据管理制度、票款核对制度。现金“零”支付制度，即在支付村干部报酬、村民投工、农户搬迁及土地征用补偿等个人款项时，通过银行拨付到个人账户；特别是对于“一事一议”等专项资金，根据施工合同、项目预决算报告及验收情况，直接拨付到施工单位或个人，付款方和收款方互不见面，直接切断了权钱交易的机会。大额资金限额审批制度，即支付资金在 1 万～3 万元的需经村“两委”会议研究决定；支付资

金在 3 万元以上的需经村民代表会议研究同意。村集体经济组织专用票据管理制度，即实行收款收据限额领取制和核销制，以村为单位建立收款收据领取台账，严格登记收款收据领取和交回情况。票款核对制度，即按月由村报账员和会计服务中心进行收款核对，做到了开票必收款、收款必进账，防止资金体外循环，杜绝集体资金流失。

东哄哄村村容村貌提升工程招标会

二、建立“1+3”事项办理新流程，大事决策有铁链

为解决农村小微权力监督缺位问题，董封乡建立“1+3”村级重大事项流程化管理制度，即村级重大事项流程化+“四议”决策、两公开、小规模工程公开招投标。村级重大事项流程化，即凡村集体经济项目立项或承包、村公益事业建设、资产资源处置等村级重大事项必须按规定流程履行程序，否则不予认可。“四议”决策程序，即党支部会议提议、村“两委”会商议、

党员大会审议、村民代表大会决议。“两公开”程序，即决议结果公开和实施结果公开。小规模工程公开招投标，即为了规范未达到《政府采购法》等法律规定限额之上的农村小规模工程项目勘察、设计、施工、监理及货物、服务采购等行为而出台的具体管理办法。在推进流程化管理过程中，一律实行“5个必须”：列入招标项目且达到规定投资额度的必须公开招标；招标必须在乡招投标中心进行；招标必须由专门机构专职人员进行，并邀请本乡人大代表、（本村）党员、村民代表现场监督招标活动；签订合同必须与招投标结果一致；项目验收必须根据招标结果和合同约定进行。

三、实行“1+3”项目监督新办法，农民脱贫有金梯

董封乡是阳城县8个涉贫乡镇之一，2016—2019年全乡各级各类支农资金3 688.64万元。为避免借实施项目之机截留、挪用、套取国家资金，实施好支农项目，用好支农资金，帮助山区贫困人口尽快脱贫致富，董封乡把支农项目和资金管理摆在更加突出位置，实行“1+3”管理机制，即建立专门的“专项资金收支结余台账+项目实施方案”备案制度、项目实施督查制度、项目完成验收制度。建立专项资金收支结余台账，即凡在本乡落地的财政支农项目，无论投资金额大小，全部实行资金和项目双重管理。乡经管站以村为单位建立专项资金收、支、结余台账，逐笔登记收、支及结余情况；村级账户资金小于专项资金结余时，除专项资金支出外，立即冻结村集体资金支付，杜绝了专项资金被挤占、挪用行为，确保了专款专用。同时，加大对涉农项目的监督管理。实行项目实施方案备案制度，各村实施涉农项目方案必须到乡经管站备案，明确项目实施内容、期限和财政资金补助环节。实行项目实施督查制度，项目实施期间，乡政府组织有关部门定期不定期对项目实施进度和实施内容进行督查，发现问题后下发整改通知书，限期整改。实行项目实施验收制度，严格项目验收，实行谁验收谁签字、谁签字谁负责，项目验收责任到人，终身追责。

四、建构“1＋3”管理考核新制度，干部心中有标杆

董封乡树立“管理就是服务”的理念，实行“1＋3”管理考核机制，即工作目标考核＋专业技能培训、廉政教育和组织处理。注重把农村财务管理工作纳入年终目标责任考核内容。实行单位和个人双重考核，考核分为4个等次，与个人奖金密切挂钩。同时，加强平时的培训和教育。**一是组织年度专业技能培训班，利用冬闲时期进行技能“充电”**。近年来，全乡累计举办农村财会人员培训班、村务监督组（民主理财组）成员培训班、村干部培训班等各种专班50余次，累计培训2 800余人次，极大提高了农村财务管理的业务水平。**二是开展警示教育宣传月活动，补“钙”壮“骨”**。全乡将每年3月定为警示教育宣传月。组织开展廉政警示教育、红色教育、案件剖析等多项专题活动，期间撰写个人剖析材料200余份，提高了基层干部廉洁自律的积极性和主动性。三

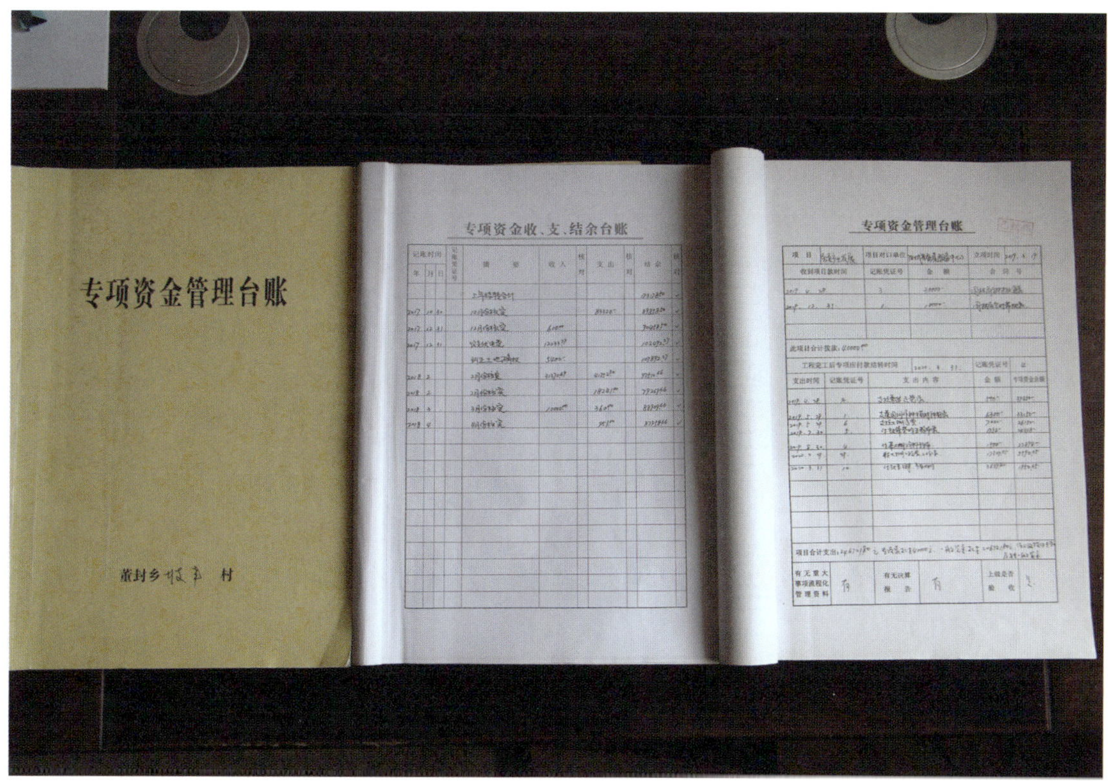

专项资金管理台账

是实行末位淘汰。乡党委政府对连续两年考核不称职的基层干部及时进行处理，累计通报批评25人次、停免职处理3人次，起到了很好的警示作用。

五、打造“1＋3”财务管理新体系，民主理财账目有清白

为了从根本上解决农村会计核算不规范、记账不及时、档案不健全问题，杜绝“包包账”“断头账”，董封乡从2007年起全面推行农村会计委托代理制。2015年，又根据撤村并组的要求，实行联村会计制度，形成以会计服务中心为主要支撑体系的“1＋3”财务管理机制体系，即农村会计服务中心＋经管站、民主理财、村务监督委员会。农村会计服务中心专职负责全乡各村会计核算、会计报表、会计档案等会计服务工作。会计服务中心设有联村会计，实行乡聘村用，联村会计一杆子插到村，兼任村报账员和记账员职责，从整单到记账全程负责，避免会计服务中心人员不了解村级经济活动具体情况、村报账员不了解会计核算具体情况的问题。同时，健全乡、村两级农村财务监督机构。**一是强化乡经管站**。乡镇机构改革了多次，乡经管站不仅没有撤销或合并，反而人员得到充实、职能得到强化。**二是设立村务监督委员会**。全乡村务监督委员会覆盖率达100％，而且懂业务、会监督。**三是健全民主理财组织**。村村设有民主理财小组，村级开支严格实行“双签”“双审”，即村书记、村主任“双签”和乡经管站、民主理财小组“双审”，否则会计服务中心有权拒绝入账。

辽宁省朝阳市双塔区孟克村：

严管财务　让农民放心共享发展红利

编者按： 辽宁省朝阳市双塔区凌河街道孟克村作为“城中村”，积极制定多项村级规章制度，规范村内重大事项的决策、公开程序，严格财务代管流程，做好财务档案管理，使得村级财务管理工作日益规范，实现了农村社会和谐稳定。

辽宁省朝阳市双塔区凌河街道孟克村有 1 622 户 4 182 人；村党委下辖 4 个党支部，党员 83 名；村内有企业 58 个，个体工商户 382 个；是一个人均耕地不足 2 分地，以机械、化工、铸造等加工企业为主体，以蔬菜、畜牧、花卉等农业生产为依托的城中村。由于集体土地征收征用等原因，孟克村集体资产积累较多，财务管理情况较为复杂。十几年前，孟克村在朝阳市率先开展了集体资产股份制改革，建立集体资产股份制管理机制，实现了资产保值、股东增收。截至 2019 年，集体资产达到 3 亿元，累计为股东发放股利 1 亿元。

一、充实村组管家队伍，监督有保障

为有效实行民主管理，孟克村强化村党组织统领作用，充分运用村民自治机制。通过村民代表会议民主选举，成立了村务监督小组、民主理财小组和村财务监督委员会，定期对村财务进行审查监督，针对发现的问题提出建议、意见及具体整改内容。同时，通过建立健全文教卫生、计划生育、民事调解等自治性组织，各组织相互配合，共同保障村级财务等各项事务有人抓、有人管。

二、落实财务公开制度，收支有规矩

为管好用好村集体资产，保障村民合法权益，孟克村制定了《村规民约》《民主理财制度》《孟克村财务管理制度》《孟克村廉洁自律制度》《孟克村环境卫生管理制度》《孟克村委会工作程序》《孟克村例会制度》《孟克村委会公章管理制度》等多项民主管理的规章制度，并将制度公开上墙，所有村民共同遵守。充分发挥民主理财小组的监督作用，村级所有收支票据均由村民主理财小组逐项审核，并对审核情况和结果及时公开。经审核后，符合要求的票据加盖专用印章，并及时向群众公开；对不合理开支，民主理财小组有权提出质询，村“两委”干部须当场予以解答，若仍认定为不合理的票据，理财小组人员有权拒签。

孟克村成立的各项财务管理制度

三、规范民主决策程序，管理更科学

为提高决策的民主化、科学化，凡涉及村里发展和村民切身利益的重大事

村干部给村民讲解民主议事程序

项，如征占地、企业发包、村干部报酬等，严格执行“四议、一审、两公开”的程序进行决策和实施，保障群众对村级事务管理的知情权、参与权。决策前，广泛吸纳群众的意见，按照上级下发的决策程序要求，充分发挥村民代表会议的决策主导作用，尊重群众的愿望和要求。对一些重大事项，由村党支部提出议案；然后召集村“两委”进行会议研究，提出具体建议和意见；之后再分别召开党员大会和村民代表大会，征求党员和村民代表的意见；形成初步的决策方案后召开村民代表大会，对决策方案进行讨论并表决。在村务监督上，广泛吸收村务监督小组成员全程参与，对关系重大的财务活动提前介入、全程监督；在公开的事项中以财务公开为重点，均以明细账目的形式进行公开，让村民一目了然。为确保公开程序规范公开、内容真实，在公开程序上采用“四步”公开法：**一是**由村委会确定公开的具体内容，提出公开方案；**二是**村务监督小组对方案和内容进行审核、补充、完善，同意后加盖公章或由组长签名；**三是**村“两委”会议讨论确定；**四是**利用公开栏、村报等形式对村财及村务等相关情况定期公开。民主管理、村务公开的实行，让村民以主人翁的姿态参与村级事务管理，密切了干群关系。

在村民代表大会上向村民代表报告财务工作

四、抓实村财代管流程，审批更严格

为加强村级财务管理，孟克村坚持实行村财街管，村里的一切经济活动，如财务预决算、收益分配方案、农民承担费用与劳务的提取和使用、合同的确定，由村民代表会议议定，由村务监督委员会负责检查和监督，最后由“三资委托代管办”负责审核把关。同时，建立村级财务审计制度，村里需要公布的财务收支，必须先交街道审计后再公布，以便可以及时发现和解决农村财务管理工作中存在的问题。此举弥补了理财小组欠缺专业知识的短板，最大限度地保护农民群众的合法权益。村级日常费用支出，严格按照省、市、区文件要求，落实了党政正职“四个不直接分管”制度。日常备用金控制在 5 万元以内，由“村财代管办”主任审批通过；超出 5 万元，由街道行政一把手审批通过；做到逐级审批，禁止了越级审批和超限额审批。

五、强化财务档案管理，风险有管控

按照财务档案管理的标准要求，建设了标准化的村财务管理档案室，购置财务专用档案柜、档案盒、财务凭证封面，按标准统一装订，规范整理。同时，配备财务档案管理员，负责财务档案的立卷、归档、调阅、保存和销毁等工作，确保达到标准化、规范化要求。为提升村财务管理现代化水平，购置财务专用计算机、打印机、财务管理软件等财务管理设备。启用会计电算化财务软件记账、打印财务凭证，代替了传统财务手工记账的操作模式，使村财务管理更便捷、更高效，实现了无纸化村财务管理。

六、壮大村级集体经济，村民享分红

通过加强村级财务的科学管理，实现了财务公开、民主管理和科学决策，确保了村级“三资”的保值增值。自 2009 年实施村集体股份合作制改革以来，集体资产进行股权量化，农民变股东，年末人均分红由 2009 年的 4 375 元增至 2019 年的 15 000 元，翻了近两番。截至 2019 年末，孟克村为村民缴纳农村医疗保险累计 400 多万元，累计为 60 岁以上老人发放养老补助金约 340 万元，累计为考上大学的新生发放助学金约 31 万元，累计缴纳养老保险约 83 万元，累计为村民建文化广场、办农民书屋、购置体育器材、建园区、修路等民生事业投入 500 多万元。村集体经济收入稳步增长，让村民充分享受到了改革的成果，也为孟克新村建设和发展注入了新的动力。

吉林省长春市九台区：

“七步工作法”确保村级事务管理守住规矩

编者按： 吉林省长春市九台区加强制度建设，针对农村集体经济管理中“三重一大”事项，实行“七步工作法”，从事前提议到最后结果公开，都做了详细规定，切实维护了农村集体经济组织的权益，促进了农村基层党风廉政建设。

吉林省长春市九台区辖17个乡镇（街道）283个村，共2 515个组。2019年，集体收入2 126.96万元，其中经营性收入634.7万元、发包及上交收入1 475.16万元、投资收益17.1万元。随着经济发展，为加强村级“三资”管理，九台区对涉及农村集体经济管理中“三重一大”事项，在全区实行事前严格履行党支部委员会提议、村“两委”联席会议商议、乡镇（街道）党委审批、党员会议审议、议案公开、村民会议或村民代表会议决议、结果公开7道程序，规范村级重大事务决策运行程序，强化民主监督的“七步工作法”，从源头上预防和遏制了农村腐败和不正之风。

一、建章立制，严守“七步”流程

根据九台区《关于规范村级“三重一大”事项和“三资”管理，进一步加强农村党风廉政建设的规定》文件精神，制定了多项村务管理制度。全区统一实行了村账乡代管、村财乡代管、村章乡代管。村里的账、财、章都由乡镇（街道）来代管，赋予乡镇（街道）更大的管理权限，给予乡镇（街道）充分的信任，增加工作责任，切实发挥乡镇（街道）的财务资源，提高了统一管理职能。乡镇（街道）“三资”管理服务中心根据上级关于村级财务管理方面的文件精神，对每笔业务的合理性、合法性进行认定，严格把关。2016—2020年，全区对没有履行“七步工作法”的“三重一大”事项支出财务坚决不审批，为村集体经济组织挽回损失1 600多万元。例如，2018年6月，“七步工作法”制度落实情况检查组在沐石河镇进行检查，沐石河镇某村出售村里林木，想不走“七步工作法”，沐石河镇“三资”管理服务中心顶住了压力，坚决不审批，避免了村集体财产遭受损失。

二、规范执行，确保落实落地

（一）明确管理全流程

针对村级“三重一大”事项，一律采取“由村党支部委员会拟定事项初步意见→村‘两委’联席会议审议通过→报乡镇党委、街道党工委审核→党员会议审议→议案公开→村民会议或村民代表会议决议→结果公开”的流程办理。为确保项目落地，明确村“两委”联席会议商议形成的议案，报乡镇党委、街道党工委审核时，重点审核是否符合国家政策和有关法律法规，审批要作出同意与否或修改的建议。议案公开中，要以书面形式在村公开栏、各社公示栏或人员容易集中的场所进行，听取群众意见，公开时间不少于3天。公开过程要形成书面材料，由3人以上村民代表签字后存档备查。村民会议或村民代表会议召开时，将公开期间村民反映的问题及意见同议案一并进行讨论表决，做好会议记录，最后形成决议。乡镇（街道）应派人参加会议，主要监督会议程序是否符合规定，并将决议带回，由乡镇（街道）“三资”委托代理服务中心备案。在各乡镇（街道）设立举报电话，畅通群众监督渠道，把责任追究贯穿于这项工作的全过程，真正做到了汇集民意“问事”、集体讨论“说事”、政府把关“批事”、群策群力“议事”、张榜公示“晒事”、民主决策“定事”、公布结果“明事”，实现了管理制度化。

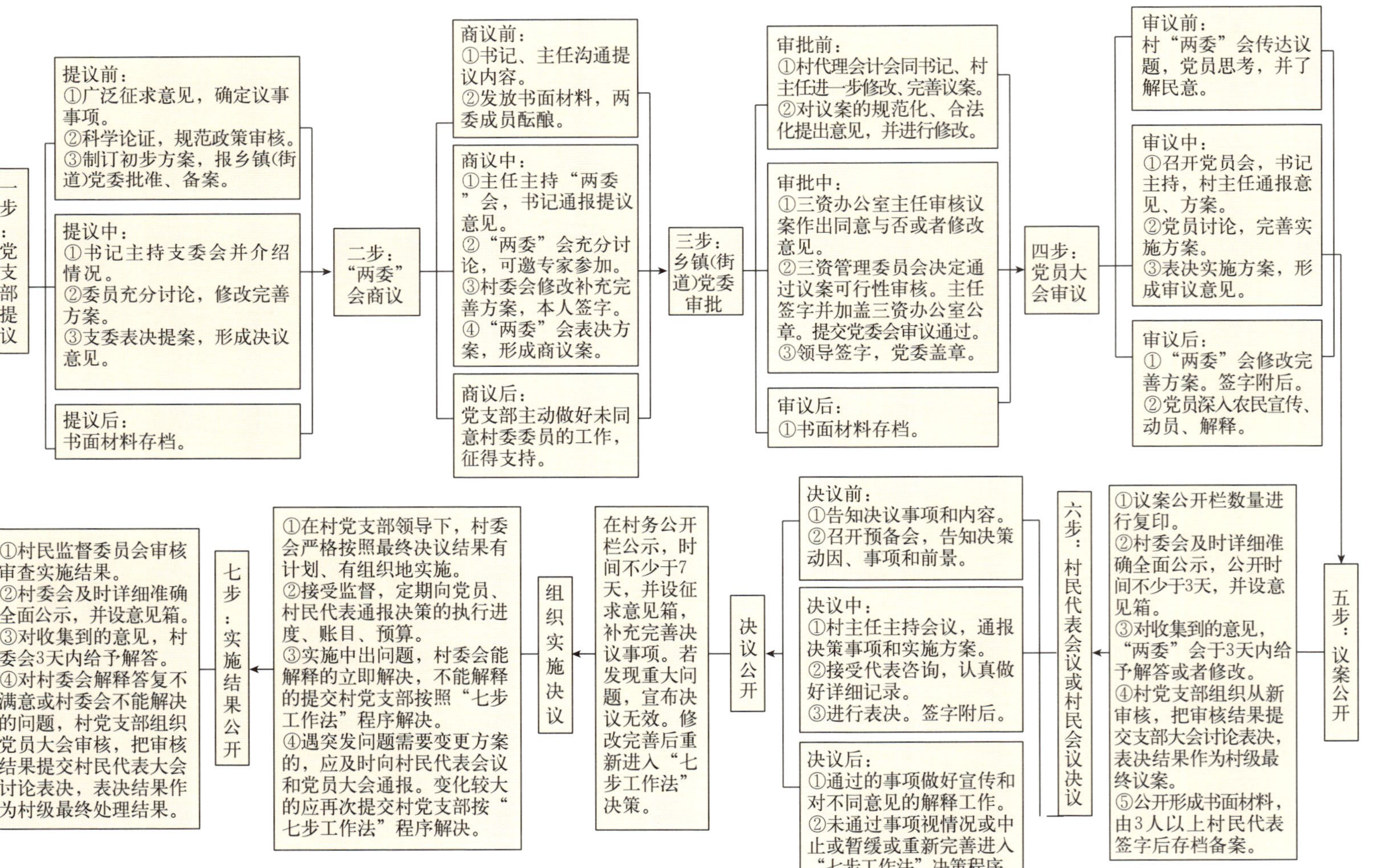
一步：党支部提议
提议前：①广泛征求意见，确定议事事项。②科学论证，规范政策审核。③制订初步方案，报乡镇(街道)党委批准、备案。
提议中：①书记主持支委会并介绍情况。②委员充分讨论，修改完善方案。③支委表决提案，形成决议意见。
提议后：书面材料存档。
二步："两委"会商议
商议前：①书记、主任沟通提议内容。②发放书面材料，两委成员酝酿。
商议中：①主任主持"两委"会，书记通报提议意见。②"两委"会充分讨论，可邀专家参加。③村委会修改补充完善方案，本人签字。④"两委"会表决方案，形成商议案。
商议后：党支部主动做好未同意村委委员的工作，征得支持。
三步：乡镇(街道)党委审批
审批前：①村代理会计会同书记、村主任进一步修改、完善议案。②对议案的规范化、合法化提出意见，并进行修改。
审批中：①三资办公室主任审核议案作出同意与否或者修改意见。②三资管理委员会决定通过议案可行性审核。主任签字并加盖三资办公室公章。提交党委会审议通过。③领导签字，党委盖章。
审议后：①书面材料存档。
四步：党员大会审议
审议前：村"两委"会传达议题，党员思考，并了解民意。
审议中：①召开党员会，书记主持，村主任通报意见、方案。②党员讨论，完善实施方案。③表决实施方案，形成审议意见。
审议后：①"两委"会修改完善方案。签字附后。②党员深入农民宣传、动员、解释。
五步：议案公开
①议案公开栏数量进行复印。②村委会及时详细准确全面公示，公开时间不少于3天，并设意见箱。③对收集到的意见，"两委"会于3天内给予解答或者修改。④村党支部组织从新审核，把审核结果提交支部大会讨论表决，表决结果作为村级最终议案。⑤公开形成书面材料，由3人以上村民代表签字后存档备案。
六步：村民代表会议或村民会议决议
决议前：①告知决议事项和内容。②召开预备会，告知决策动因、事项和前景。
决议中：①村主任主持会议，通报决策事项和实施方案。②接受代表咨询，认真做好详细记录。③进行表决。签字附后。
决议后：①通过的事项做好宣传和对不同意见的解释工作。②未通过事项视情况或中止或暂缓或重新完善进入"七步工作法"决策程序。
决议公开
在村务公开栏公示，时间不少于7天，并设征求意见箱，补充完善决议事项。若发现重大问题，宣布决议无效。修改完善后重新进入"七步工作法"决策。
组织实施决议
①在村党支部领导下，村委会严格按照最终决议结果有计划、有组织地实施。②接受监督，定期向党员、村民代表通报决策的执行进度、账目、预算。③实施中出问题，村委会能解释的立即解决，不能解释的提交村党支部按照"七步工作法"程序解决。④遇突发问题需要变更方案的，应及时向村民代表会议和党员大会通报。变化较大的应再次提交村党支部按"七步工作法"程序解决。
七步：实施结果公开
①村民监督委员会审核审查实施结果。②村委会及时详细准确全面公示，并设意见箱。③对收集到的意见，村委会3天内给予解答。④对村委会解释答复不满意或村委会不能解决的问题，村党支部组织党员大会审核，把审核结果提交村民代表大会讨论表决，表决结果作为村级最终处理结果。

"七步法工作"流程图

（二）严格规范台账管理

6 年来，九台区共建立“七步工作法”台账 2 017 本，涉及议事资金累计 23 713 万元、资产资源发包 3 591 万元、公益事业建设 18 183 万元，全区农村集体资产管理呈现出逐年向好的态势。东湖镇、土们岭镇、卡伦镇对于重大工程项目采取了事前拍照确认、事后拍照核实的办法，对工程项目的落实情况进行监督，有效阻止了只议事不办事情况的发生。土们岭镇农经服务中心对于村级重大工程项目预算实行农经中心预算制，即农经中心根据相关标准拿出符合实际的项目预算，既规避了村级制定预算水平有限的情况，也避免了项目预算过高村民会议不通过的现象发生。

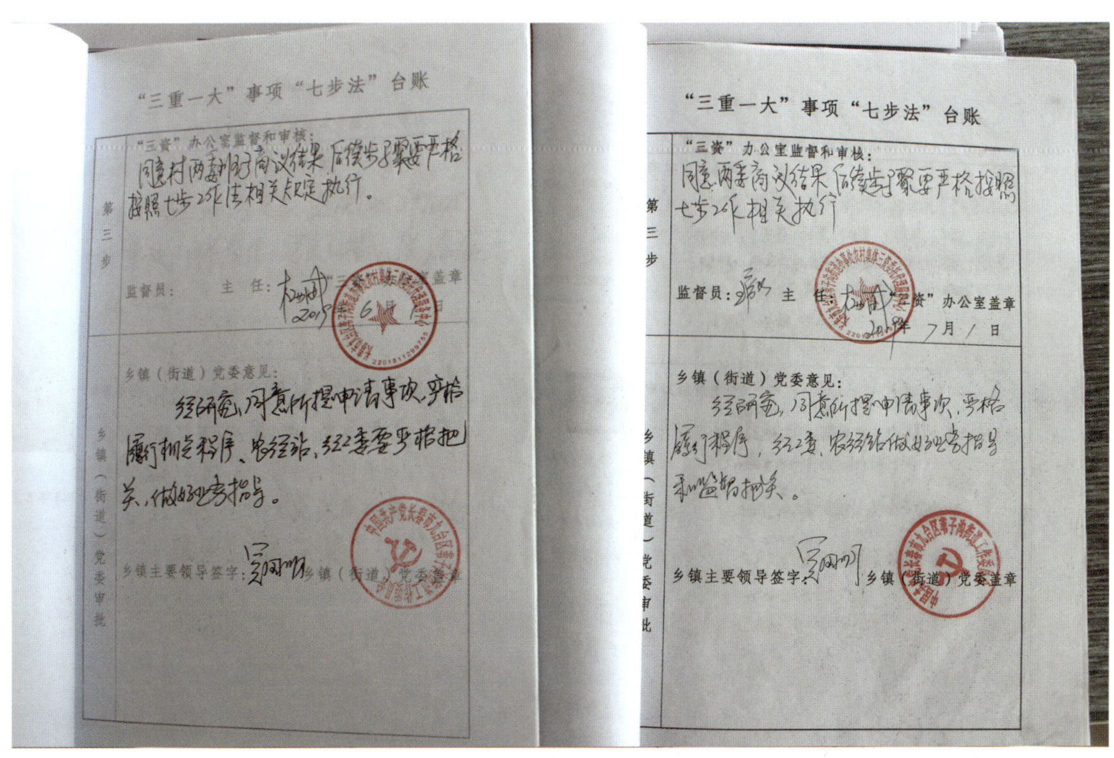

“三重一大”事项“七步法”台账

第三步

“三资”办公室监督和审核：

同意村两委班子商议结果，后续步骤要严格按照七步工作法相关规定执行。

监督员：　　主　任：　　“三资”办公室盖章

年　6 月　日

乡镇（街道）党委审批

乡镇（街道）党委意见：

经研究，同意所提申请事项，严格履行相关程序，农经站、经管站要严格把关，做好业务指导。

乡镇主要领导签字：　　乡镇（街道）党委盖章

“三重一大”事项“七步法”台账

第三步

“三资”办公室监督和审核：

同意两委商议结果，后续步骤要严格按照七步工作法相关执行

监督员：　　主　任：　　“三资”办公室盖章

年　7 月　1 日

乡镇（街道）党委审批

乡镇（街道）党委意见：

经研究，同意所提申请事项，严格履行程序，经管站、农经站做好业务指导和监督把关。

乡镇主要领导签字：　　乡镇（街道）党委盖章

“三重一大”事项“七步工作法”台账

三、特殊事项，规范事后管理

对可不按“七步工作法”程序来执行的一些“三重一大”事项，作出了详细规定，强化事后管理。上述事项主要为：县级以上党委、政府决定组织实施

的工程建设，以及项目建设中需要征用集体土地、资产、资源的；辖区内发生突发性公共事件、重大传染疫情、安全生产事故、火灾、洪涝灾害等不可预见的“急、难、险、重”事件，需要村集体支付相应费用的；村“两委”干部工资；司法机关判决中涉及村集体资产、资源及往来账款；国家政策法规规定的有关事项，或在特定时期、特定情况下不需要按“三重一大”事项决策程序办理的其他事项。对上述事项，事后由村党支部书记及时组织召开村“两委”联席会议，通报相关情况，并形成书面材料经乡镇政府、办事处主管负责人审核批准后，报农村“三资”委托代理服务中心备案，作为账目处理、资产、资源处置和变更的依据。审批结果要在村务公开栏和各社人员易集中的场所进行公布，公布时间一般不少于3天。

检查“三资”管理办公室审核过的台账

江苏省盐城市亭湖区：
管好“村级用工”关键小事

编者按：近年来，江苏省盐城市亭湖区着眼集体用工支出这一农民群众普遍关心、关注的村级财务管理事项，用制度规范用工流程，积极研发应用“亭湖区村级用工联网监管系统”，有效破解了村级用工不规范、监管难的“老大难”问题，补齐了农村集体“三资”监管领域的短板，为防范农村基层“微腐败”、维护广大集体成员合法权益提供了有力支撑。

江苏省盐城市亭湖区是城乡复合型中心城区，城中村、城郊村与农业村并存，农村财务管理情况较为复杂、敏感。近年来，在监督检查和实地走访中，亭湖区发现部分村集体用工管理混乱、用工支出非正常大幅递增。在调研的基础上，亭湖区积极研究出台对策，通过建立统一的联网监管系统，使村级用工不断规范，使农村集体“三资”管理制度不断完善、流程不断规范、监督不断深化。2019 年，亭湖区全年村级用工量 21.1 万个工日，比 2018 年同期下降 28%，村级用工支出下降 29%。

一、把脉问题症结，专项精准施策

一是深挖问题背后的原因。通过对案件回头看、深入明察暗访，亭湖区发现因村级用工管理不规范，以村级用工为名乱支滥报、私自用工等现象犹存，虚假工、人情工、重复工等问题滋长；且因村级用工面广量大、单笔涉及金额低，导致问题隐蔽性强，事后又监督困难，案件查处难度相对较高。**二是边试点边优化完善**。按照示范引领、稳步推进的办法，以“互联网+”为支撑，亭

亭湖区村级用工联网监管系统

湖区从 2017 年开始在南洋镇试点建立村级用工联网监管系统，强化村级用工源头管控，变事后被动查案为主动事前监督。通过发挥平台可作为信息员、审核员、提醒员、出纳员的作用，实现对村级用工和资金的全程监管、动态实时预警和流程化管理。在监管系统研发和试点运行过程中，从方便、简捷、适用、实效出发，不断优化网络平台组织构架，试点取得明显成效。**三是统一标准推广应用**。2018 年 11 月，全区推行应用村级用工联网监管系统，建立村级用工统一标准。通过动员部署、全面启用、数据录入、督查考核等阶段工作，村级用工联网监管系统强势推行并实施到位。从 2019 年 1 月 1 日起，所有村级用工项目均通过村级用工系统实施。

二、紧盯重点环节，疏解流程堵点

按照“制度化+信息化+公开化”要求，亭湖区研究制作监管系统运用流程图和统一表簿，从源头规范村级用工的立项审批、项目实施、入账公示重点环节，严格要求基层准确操作。**一是“制度化”完善用工立项审批**。发布《关于推行南洋镇加强村级用工工作的通知》《关于规范村级“小微权力”的实施意见（试行）》等文件，规范村级用工流程。村庄在年初根据往年用工情况、当年工作实际和一事一议筹资筹劳数额，制订年度用工计划，编制用工预算草案。用工预算草案经村“两委”集体商议后，报镇审核同意，资金方可立项使用，村纪检委员全程参与讨论并签字确认。用工项目按标签式进行管理，细分为环境整治、防汛排涝、植树造林、畜禽防疫、村级运转 5 大类 25 项，实现了用工项目的制度化管理。推行派工单制度，规范化审核出工，经过用工组长、村纪检委员、村居主任、村居书记“四方审签”后，才能成功立项。**二是“信息化”推动用工联网实时监管**。村级用工时，由村会计对照已审签的派工单，将基本信息录入用工系统，其中 2 000 元以上的用工项目需同步上传单个项目重大事项报告表；由村纪检委员对录入的用工项目信息进行线上审核，并上传项目实施前照片，确保进入用工系统项目信息的真实性和完整性。对建档立卡农户进行优先派工；平台内设预警功能，对无镇级审核的重大事项报告、不应纳入系统的工程类支出项目、人情派工、虚假派工、重复派工、低收入农户未优先派工、村干部直系亲属派工、单笔大额派工、用工金额超预算、村民民主理财不及时 10 类常见问题自动筛查，并动态预警；区、镇、村三级纪检组织和农经职能部门全程实时监督核查。**三是“公开化”倒逼用工阳光透明**。年度用工预算在镇、村审核审议通过后，在村务公开栏进行公示；每季度由村民主理财小组、镇农经中心在派工单“四方审签”的基础上进行“六方联审”，

亭湖区村级用工四种方式公示

签字盖章后才可在系统中入账报支，同时在村务公开栏和农村集体“三资”网络监管平台进行公示；每季度从平台直接导出用工支出数据，填制村级用工兑现清单，报审核、审批后一律通过银行转账结算，直接打到农户的“一折通”，实现非现金结算。

三、亮明职责分工，扎紧监管“篱笆”

一是抓责任明确。各镇履行主体责任，主要负责人承担第一责任人责任，镇分管负责人和农经职能部门负责人严格履责，做好相关工作；区农业农村局作为主责部门强化业务指导、组织监督检查；各级纪检监察组织负责监督问责和案件查处。**二是抓审计检查**。区纪检部门和农经职能部门日常开展网络平台检查，对预警信息及时进行督办交办。对用工量大、大额支出户头多等异常现象的村开展重点审计，对违规使用村级用工和报支用工支出的行为，责令限期整改，并向有关部门通报。**三是抓监督问责**。将村级用工规范整治工作，纳入“正风肃纪镇村行”专项行动重点工程，由区纪委牵头相关职能部门强化跟踪督查，加大系统预警的督查交办力度，发现责任落实不力、问题长期得不到解决的，严肃问责追究，推动系统运行管理常态化、长效化，持续释放监督执纪的威慑力，有效遏制群众身边“微腐败”，为实施乡村振兴战略保驾护航。

云南省曲靖市沾益区西平街道：

建好“干净账” 算出“活力账”

编者按：云南省曲靖市沾益区西平街道在村级财务管理制度建设上不断深化探索，坚持农民主体地位，创设社区民主议事委员会落实民主监管，规范财务管理的关键环节，对集体重大的“三资”变动实行报告制度，让农民成为集体“三资”管理的自觉参与者、实际受益者。

西平街道位于云南省曲靖市沾益区主城区，辖 11 个社区 112 个居民小组，其中居民社区 4 个、涉农社区 7 个。街道设立“三资”管理站对社组集体资金、资产、资源进行管理。近年来，西平街道按照“强组织、建制度、抓落实”的思路，推行社组集体资金委托代管制度、社组集体会计委托代管制度。截至 2019 年底，“三资”管理站代理计账单位 43 个，其中社区 11 个、居民小组 32 个，实现社组资金、会计双代管，代管集体资金达 1.23 亿元，阳光公开财务情况，让群众明白、促干部清白。

一、建体系强责任，三级监管有“规矩”

（一）落实“三资”管理工作

建立街道、社区、居民小组三级组织，加强“三资”业务处置工作。街道设立社组集体“三资”管理领导小组，下设“三资”管理站，在不改变集体“三资”所有权、使用权、经营权、审批权和收益权等权属，不改变集体“三资”性质的前提下，负责做好社组集体“三资”管理的指导、检查、监督工作；各社区设立“三资”管理办公室，承办本级并指导居民小组“三资”处置业务；居民小组按上级规定直接办理本组的“三资”处置业务。

（二）规范“三资”监管行为

西平街道属城市居民社区，无村监会这一机构。为规范社组民主议事机制，创设社区民主议事委员会，由社区党总支副书记任主任，居民小组设民主议事小组，小组支部书记任组长，将民主理财小组的职责划并该机构，大力提升了民主理财的职能。

（三）强化“三资”监管责任

建立街道、社区、居民小组三级监督机构，强化对社组集体“三资”经营、使用、管理的日常监督。由“三资”管理站负责街道级监督；以民主议事委员会为主负责社区级监督；居民小组设民主议事小组，负责小组级监督。以民主理财的方式，负责对街道、社区、小组“三资”经营、使用、管理进行日常监督。

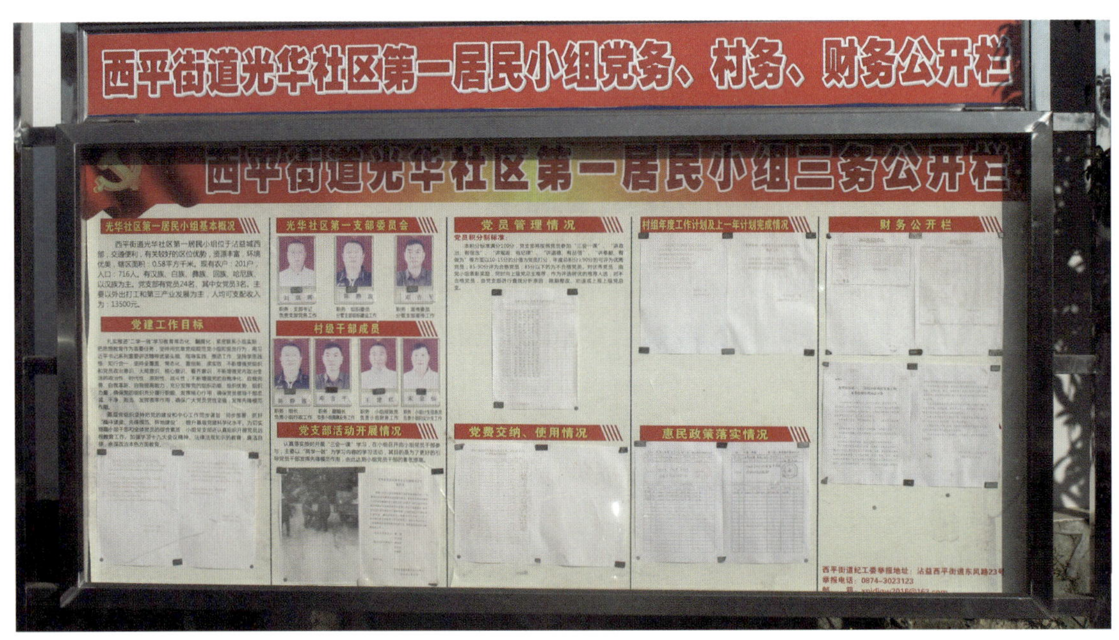

按时公开财务接受群众监督

二、建制度严流程，重大事项有“章法”

（一）建立完善“三资”管理制度

2017 年、2020 年两次修改完善《西平街道社区居民委员会和居民小组集体资金资产资源管理制度》，对社组集体“三资”管理明确 8 章 40 条规定。

（二）建立重大事项报告制度

制定《西平街道重大事项报告制度》，确保重大“三资”处置行为公开透明。对以下 5 类重大事项，实行事前书面形式逐级报告：社区（小组）集体经济建设项目超过 1 万元的；社区（小组）集体各类合同签订、变更和解除的；向群众筹资筹劳的事项；在社组集体土地上进行厂房、农用房建设的；对外承包资产、资源及大额资金。

（三）建立议事制度

制定《西平街道民主议事委员会（小组）议事制度》，对民主议事机构的职责、议事原则、组织设置、人员条件、议事程序等方面作出明确规定。

（四）建立工程管理制度

制定《西平街道建设工程管理办法》，对辖区内所有社组实施的工程项目和不具备进入区级公共资源交易中心公开招标的工程项目进行规范。

三、重环节抓审批，关键小事管得牢

（一）规范收入管理环节

将上级补助资金、专项资金、社组统一经营收入、“一事一议”筹集资金、资产资源发包及租金收入、土地及林木补偿费、各种代（暂）收和借贷资金、投资收益、其他集体收入共 9 种资金，纳入社组集体资金管理，做到应收尽收。同时，票据与印章统一由街道“三资”管理站管理，实行专人管理，定期核销。所有社组集体收入纳入街道“三资”管理站特定账户管理。

（二）规范支用取款审批环节

社组发生经济活动需要用款时，实行用款审批制度。居委会、居民小组支取现金或转账时，需填写西平街道社区、小组集体资金支取审批表，按规定程序办理相关手续后，由社组民主议事委员会主任（组长）审核签字，报居民小组长、居委会主任签字确认，再报街道“三资”管理站负责人审核。单次转账 5 000 元以下的，经“三资”管理站站长审核后，即可办理取款手续；单笔 5 000 元至 3 万元的，由街道挂钩社区领导审批；单笔 3 万元以上的，经街

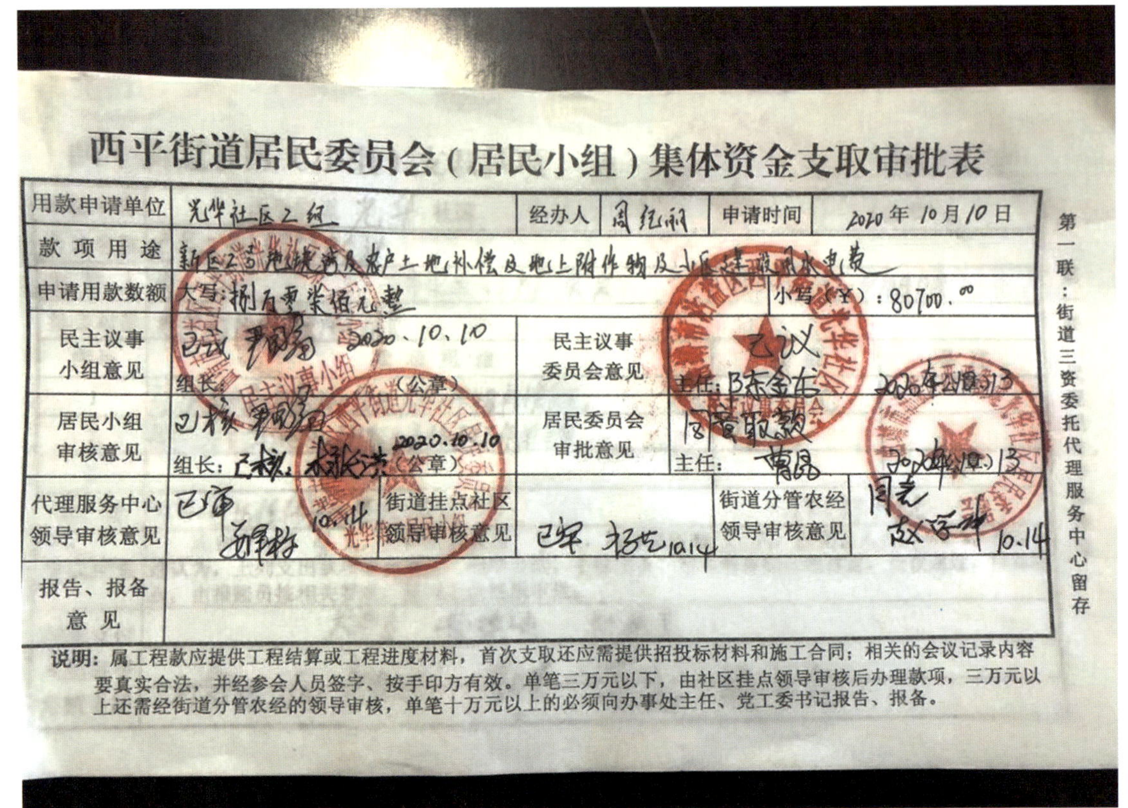

西平街道居民委员会（居民小组）集体资金支取审批表

用款申请单位	光华社区2组	经办人		申请时间	2020年10月10日
款项用途	新区2号地块				
申请用款数额	大写：捌万零柒佰元整		小写（¥）：80700.00		
民主议事小组意见	已议 2020.10.10 组长：（公章）	民主议事委员会意见	已议 主任： 2020年10月13		
居民小组审核意见	已核 2020.10.10 组长：已核（公章）	居民委员会审批意见	同意取款 主任： 2020年10月13		
代理服务中心领导审核意见	已审 10.14	街道挂点社区领导审核意见	已审 10.14	街道分管农经领导审核意见	同意 10.14
报告、报备意见					

说明：属工程款应提供工程结算或工程进度材料，首次支取还应需提供招投标材料和施工合同；相关的会议记录内容要真实合法，并经参会人员签字、按手印方有效。单笔三万元以下，由社区挂点领导审核后办理款项，三万元以上还需经街道分管农经的领导审核，单笔十万元以上的必须向办事处主任、党工委书记报告、报备。

第一联：街道三资委托代理服务中心留存

按时公开财务接受群众监督

道挂钩社区领导提出意见后，报街道分管领导审批，其中10万元以上的须事前向街道办事处主任、党工委书记书面报告。工程建设类资金，需提供工程结算或工程进度材料，首次用款还需提供招投标（竞争性发包）材料和施工合同。

（三）规范报销审批环节

按单笔支付报销款项的额度进行报销审批。单笔在1 000元以下（不含）的资金使用，社区须经民主议事委员会主任审核签字，由居委会主任审批；居民小组须经民主议事小组组长审核签字，居民小组组长和支部书记双审核，最后由居委会主任审批。单笔在1 000元以上、5 000元（不含）以下的资金使用，社区由民主议事委员会召开专题会议审议，民主议事委员会主任签注“已议”后，由居委会主任审批；居民小组由民主议事小组召开专题会议审议，民主议事小组组长签注“已议”后，再经居民小组及支部书记签字后报居委会主任审批。单笔在 5 000 元以上的，社区由民主议事委员会专题会议审议，主任签字后，报社区“两委”会议讨论，居委会主任审批；居民小组由民主议事小组专题会议审议，议事小组长签字后，召开支委会、党员大会或支部扩大会议讨论，最后报居委会主任审批。10 万元以上的，经社区“两委”会议讨论后提交社区居民代表会议讨论，再由社组民主议事委员会主任（小组组长）审核签字，最后由居委会主任审批。

（四）规范报销签章环节

民主议事委员会（小组）按单笔费用额度签章。单笔 1 000 元以下的签“已审、姓名、日期”，盖议事委员会（小组）公章；单笔 1 000 元以上的签“已议、姓名、日期”，盖议事委员会（小组）公章。

（五）规范账务处理环节

实行按月交单、按月做账。每月 1～10 日为交单日，报账员按时到街道“三资”管理站交上月单据，填写交接单。11～25 日为记账日，会计人员账务处理完毕后，出具财务公开资料。26～30 日为财务公开日，报账员将财务资料报社组民主议事委员会（小组）审核、盖章后，公示在固定的财务公开栏，接受群众和各级组织监督。

（六）规范档案管理环节

街道“三资”管理站设立专门的档案保管室，配备专用档案柜，一社一柜，分社保存；明确由街道“三资”管理站会计人员对所负责的社组会计凭证、账簿、报表等各种会计资料及时分社组整理、装订成册、编制目录、立卷归档、妥善保管。

四、创新数字手段，引领管理方式现代化

江苏省南京市：

大数据护航村级资产财务管理

编者按：江苏省南京市积极探索智能化管理农村资产财务，把分散、静态数据背景下的简单基础分析、粗放监管，变为集成、共享和动态数据环境下的科学系统分析和科学监管，全力推动农村集体资产财务管理制度化、公开化、规范化、智能化，节省了人力，提高了效率，带动了农村集体财务管理水平整体提高。

近年来，江苏省南京市以提高农村集体资产财务管理效率、发展集体经济为目标，利用信息化技术手段，推行农村集体资产“市区一体、实时动态”监管，率先实现农村集体资金、资产、资源管理方式迭代更新，有效促进了农村集体经济发展和农民增收。2019 年，南京市集体经营性资产总额 121.9 亿元，村级收入 51.58 亿元，村均收入 746 万元，农村居民人均可支配收入达27 636元。

一、市区一体，村银直联，以信息化推动农村资产财务管理制度化

全市统一建立覆盖各区、镇、村的农村集体“三资”监管综合平台，综合平台与银行业务平台等互通直联，数据存放在南京市信息中心。综合平台内容涉及资金管理、资产管理、资源管理、合同管理、村务卡管理，设立工作、监督、公开和大数据分析 4 个子平台，分别服务财务会计人员、纪检监察人员、集体经济组织成员、各级管理人员四大用户群体，具有资产财务管理、公开、监督和为各级领导提供决策依据四大功能。

全市通过建立统一资产财务管理平台，特别是统一的工作平台，推动各

江宁区开展清产核资“回头看”验收互查互评工作

区、镇、村建立和落实一系列统一的农村财务管理制度，如一村一账户制度、村账镇代理制度、网上做账制度、网上审核制度、线上支付制度、非现金结算制度、财务公开制度等。未建立统一平台前，有些村没有独立银行账户，有些村多头开户；建立统一平台后，清理农村不规范及多开设账户，恢复村级被取消的独立账户，全面落实“一村一账户”制度。实施“村银直联”不仅实现网上支付的方便快捷，而且能够实现网上查询资金使用明细，为建立线上财务审批、审核、公开等制度提供了条件。

在村级日常开支上，改变过去使用备用金和现金支付方式，推行村务卡制度。村级公务日常支出和报销都使用村务卡，实现非现金结算。截至 2019 年底，全市登记备案村务卡 1 355 张，村务卡支出总金额 2 215.2 万元，基本杜绝了坐收坐支、虚报冒领等违纪违规行为。

二、公开推送，透明互动，以信息化推动农村资产财务管理公开化

针对传统村务公开栏不适应大量农村劳动力外出务工，村民无法及时了解村级资产财务情况的问题，将全市农村“三资”相关应公开数据，通过综合平台和“e阳光”手机软件实现电脑网络公开和手机移动终端公开。登录“三资”监管综合平台的公开子平台，可以直接查询本村的收入、支出明细、资金流水等，村级资金管理使用全程留痕，可追可溯。

统一开发“南京e阳光”手机软件，通过“发布、抓取、导入、链接、互动”等多路径获取相关数据，实现纵向上市、区、镇、村一体，横向上与集体资产监管、交易等多个平台互联互通和数据共享。村民通过手机可以随时随地查看村务发布、村情动态，就关心的问题发起线上提问，实行干群互动、村民互动；可以随时随地查看本村集体资产、资源和产权交易情况，查看集体收入和收益分配情况，甚至可以查看每一笔财务收支的原始票据；还可以随时随地查询自己家承包地面积、地块和位置，家庭在村股份经济合作社的股份及分红，家庭与集体经济组织发生的各项收入和支出等。截至2020年，全市80%以上农户下载使用“e阳光”手机软件，注册用户79万人，登录179万人次。

秣陵街道东旺社区清产核资平台图管资产——固定资产

三、动态监控，实时预警，以信息化推动农村资产财务管理规范化

南京农村集体“三资”管理“e 阳光”手机 App 信息公开平台

预警平台按照预设条件，进一步对财务违规行为适时预警，并按程序对财务违规行为进行相应处置。监督平台共设资金、资产、合同、风险和管理 5 大类 17 项预警项目，按触发预设条件由轻及重分为黄色、橙色、红色三级预警。每级预警有相应处置预案，分别为农经系统内部处置、交由上级部门督查处置、交由纪检监察部门处置。预警既针对常规的财务非规范行为，更针对老百姓反映的身边人腐败和不正之风的突出问题，如违规报销开支、暗箱操作发包资产资源、非规范签订合同、不严格执行合同、负债风险过高等。截至 2019 年底，全市农村财务行为触发预警 10 740 条，办结 9 330 条。预警和处置形成闭环，促进了农村财务管理规范化水平不断提高。

四、集成共享，科学分析，以信息化推动农村资产财务管理智能化

针对全市农村财务产生的海量数据进行挖掘分析建模，快速形成可视化的分析成果，为各级党委政府和集体经济组织提供有价值的决策依据。设计大数据分析平台，对全市所有村（社区）集体财务数据进行定量分析，全面反映各村资产财务的运行质量、风险状况、预警处置等情况。例如，村集体收入可根

据选项，实现按年按月的同期、定基、环比等自动快速排序，对村集体经济收入构成、村级经济达标状况、资产负债构成、负债率等指标能自动快速形成模型分析；对触发预警的频率、分布和处置情况等按地域和类型能自动快速归总比较。

智能化管理农村资产财务，把分散、静态数据背景下的简单基础分析、粗放监管，变为集成、共享和动态数据环境下的科学系统分析和科学监管；有效避免了过去资产财务数据靠人工汇总、层层上报，缺乏时效性和准确性，上级部门难以追本溯源、实时监控，无法进行即时分析、定向指导的弊端，推动农村集体资产财务管理更精准。

浙江省绍兴市柯桥区：
“去现金化”改革让集体收支透明高效

编者按：浙江省绍兴市柯桥区积极探索，将农村集体“三资”管理与现代移动支付服务手段相结合，搭建“分镇村两级，集收支双边，融申报、审核、支付、稽查、监管多元一体”的综合管理体系，全面推开农村集体“三资”的“去现金化”管理，实现资金往来痕迹可查询、可追溯、可稽核，实现“三资”管理更便捷、更规范、更高效，充分激发了农村基层强大的治理效能。

柯桥区位于浙江省绍兴市西北部，辖11个街道、5个镇，共有328个村级集体经济组织。2019年，村级集体经济总收入18.41亿元，村均561.27万元，其中经营性收入9.25亿元、村均282.10万元；年末总资产121.44亿元，所有者权益95.76亿元。针对在农村集体“三资”管理存在的坐收坐支、以据抵现、不规范现金支付等顽疾，柯桥区在全区推行“去现金化”改革试点，实现集体收支管理透明高效。

一、村银拓宽“一账式”收款通道，实现收入数字化

（一）“一码”扫描入账

村级开通网上银行“一码通”业务，集体资产、资源的个人租赁款等款项，在村级报账员处通过“一码通”手机支付码进行扫码收款，直接存入村集体唯一的银行基本账户，收入实现数字化入账。

（二）银联直接入账

付款单位或个人通过银行或网银，将承包款、工程保证金等存入村级银行

基本存款账户；短信提醒发至村级报账员手机；凭信息提示，或通过网银存款查询，村级开具收款收据，并提交入账。

（三）代收代办入账

所有村引入瑞丰银行服务点。当前仍无法使用网银的村，将现金交款通过服务点存入集体账户，打通现金服务的最后一公里。

二、政银联建“一站式”付款平台，实现支出可视化

（一）搭建平台，审核支付“一条龙”办理

专题开发相应农村经营管理软件，搭建村集体资金审核支付平台。由村（居）端通过扫描仪、高拍仪等，将支出发票、合同等材料录入系统；经镇街道端审核批复后，数据直接对接银行的银企直连支付，“一站式”完成“审批＋支付”。在镇街道审核端口，安装手机软件作为“掌上审核”通道，软件直接与审核支付平台对接。在“一站式”平台上，资金动向全过程留痕，从源头上杜绝了虚报冒领、造假贪污等违规违法行为的发生。

（二）分类实施，结算支付“三路径”并行

小额村务日常支出采取村务卡报销制，一般为书记、文书、报账员各申办一张个人银联信用卡，村务支出以村务卡刷卡支付后，经网上审核转账报销；工程项目、大宗物资采购及村内分红福利、公共服务、村民务工支出等资金支付，采取银联直付制，村报账员通过网上转账实现支付；村级组织换届选举、困难慰问等特殊情况需使用现金的，采用特殊取现制，由村级填写现金报销审批单，经镇街道审批同意后，以现金支票形式提取现金，结余现金 2 天内交存银行。截至 2020 年 8 月 20 日，全区已完成农村集体资金线上审核支付 18.3 万余笔，金额达 5.07 亿元。

（三）梳理卡库，往来账户“一卡式”结转

各村建立完善往来账户银联卡号信息库，方便村报账员在申报付款时提取对方账户信息，快捷完成资金网上转账支付；同时，大大减少了工作量，避免了手动录入登记可能产生的误差。村级内部资金往来的，按照村民意愿实行“一人一卡”或“一户一卡”登记备存；村级外部资金往来的，按照“一商户

一卡号”的原则，建立完善往来账户银联信息库。

村股份经济合作社的“一码通”

三、全网开创“多层式”管控渠道，实现监督全程化

（一）报批前村内民主监督审核

村集体支出通过经手人、证明人、审批人，最后经民主理财小组（村务监督小组）审核，完成村内审批。各村民主理财小组一般每周不少于一次开展集中民主理财活动，以便及时做好票据审核工作，更好地发挥民主监督作用。

（二）报批中镇（街道）分级网上审批

村级报账员将付款信息扫描录入网上支付审核系统，根据支出金额大小，系统自动逐级提交审批，电脑或手机上均可登录完成审批。5 万元以下的，由镇街道代理会计审核；5 万元～20 万元的，另加镇（街道）农经站长审核；20 万元以上的，再加上镇（街道）分管领导审核同意。将原本镇（街道）的事后审核改为事前审核，避免了现金支出无法通过报账，在出纳处形成挂宕的现象，不合规支出得到有效杜绝。

（三）报批后村民多方公开监督

在村务公开栏、触摸屏、电视屏公开的基础上，新增开辟“掌上公开”渠道。村民使用手机扫描二维码，通过柯桥区“财灵清”手机 App，登录“三资”公开系统。“三资”公开系统实行一村一用户名，通过各村公开的用户名和密码，即可查询该村集体经济财务收支及相关票据、合同等原始凭证。

试点村在绍兴市农村集体“三资”“去现金化”管理改革现场会介绍情况

四、“去现金化”改革助力基层治理效能提高

（一）极大提高了资金收付效率

改革后，村级报账员不必再到银行存款、取款，也不必再为资金使用到“三资”代理服务中心盖章、审核；缴款单位和个人通过网上银行、手机扫描

“一码通”就能完成转账；村集体给农户的分红款、福利费等款项，可从网上转账到村民银行卡上。转账收付不仅效率高，而且可查询、追溯、稽核，出错后可及时更正。

（二）明显强化了“三资”监督管理

改革后，审批前移，改先支付、后报销为先审批、后支付，强化源头管理，建立起了更加规范、有效的监督管理制度。农村集体“三资”管理原来存在的一些问题得到解决，如堵住了使用现金的漏洞，根治了坐收坐支等顽疾。

（三）有效促进了基层社会治理

改革使农村集体资金使用情况变得更加清楚明白，提升了群众对村居干部的信任度；同时，倒逼村干部既要公平公正、干净做事，又要发展壮大村级集体经济，为村民谋更多福利，促进形成村居干部清正、政治清明、社会清朗的基层社会。

浙江省永嘉县：

云监管破解集体“三资”监管难题

编者按：浙江省永嘉县借助信息化技术，瞄准农村财务管理混乱、资产管理失序、资源处置不当等“三资”监管难题，创新打造农村“三资”智慧监管系统，有效推动村级集体资源资产全入库、财务管理全上网，实现实时在线云监管；深入运用大数据技术，对合同到期、资源闲置、违规审批等进行风险预警及智能调控，高效推动集体资产入市流转、增值，为加快实现强村富民提供了有力保障。

永嘉县位于浙江东南部，县域面积 2 674.3 平方千米，户籍人口 98.37 万人，辖 22 个乡镇（街道）、454 个行政村和 87 个城市社区。作为全国首批沿海对外开放县之一，永嘉县民间资本活跃，农村集体经济发展迅猛，2019 年全县村集体经济总收入达 7.24 亿元。为有效防范村级“小微权力”腐败，2018 年以来创新打造农村“三资”智慧监管系统，将制度抓手延伸到村级监督的“最后一米”，有效破解长期以来基层财务“只管钱、不管物”“只管账、不管事”“只管支、不管收”等问题，大幅提升农村“三资”管理效能。

一、坚持应入尽入，实现家底“一本账”悉见悉知

一是推动资源资产入库。依托农村“三资”智慧监管系统，在记账式入库方式的基础上，升级推出一体佐证入库模式，将农村资产资源全部纳入入库范围并录入监管系统，通过金额、方位、照片多维度相互佐证，实现对未估价资产资源的管理，在机制层面堵上部分资产资源长期账外失管的漏洞。自系统上线以来，全县村集体经济组织资产资源已入库 21 570 宗，涉及 22 亿余元。二

永嘉县农村“三资”智慧监管系统平台界面

是推动村级合同入档。在系统内搭建村级经济合同管理档案库，将全部村级经济合同强制入档备案，对合同内容特别是发生金额统一监管，填补村级经营性收入监管空白。例如，瓯北街道通过智慧监管系统共录入村级资产交易类合同 2 000 多笔、涉及金额 1.2 亿元，资产租赁类合同 1 610 笔、涉及金额 9 900 多万元。**三是推动资金审批入网**。实行村账资金拨付网上审批，建立逐级流转机制，将会议记录相关附件签字、拍照作为每层审批的刚性前置流程，确保整个审批流程全程留痕，可追溯倒查，从技术上破解“人情签字”、越级签发、未批先付等违规操作。截至 2020 年底，全县村账资金审批均已实现网上操作，已否决不合规支出 23 274 笔，有效防范集体资金流失。

二、坚持应控尽控，实现监管“大数据”全时全效

一是实时掌控资金动态。打通农村“三资”智慧监管系统与银行结算系统之间的财务数据壁垒，双向即时交换审核通过款项、村级集体经济账户收支等情况，实现账户实时监管、收支实时拨付、财务实时对账。同时，为各村配套定制“村务阳光卡”，要求村级小额支出一律刷卡支付，将小额资金同样纳入智慧监管系统监管范围，全面堵住账外交易渠道。2019 年，在系统的推动下，

其他地区县市来考察学习

全县涉农村财务管理信访举报总量同比下降37.3%，初信、初访下降47.8%。**二是主动监控消除风险**。智慧监管系统增设风险预警模块，实时监测合同到期、低价合同、无凭据审批等27项常见“微腐败”风险，及时将可疑数据推送至相关乡镇（街道）和部门，并由其研判处置。例如，2019年5月，智慧监管系统向某街道预警辖区内新一大厦租赁项目合同期满，且存在低价合同风险。该街道立即组织该村网上公开招标转租，最终将项目租金从76万元提升至167万元，有效防范集体资产流失。**三是智能调控助力增收**。运用大数据技术，抓取分析农村“三资”智慧监管系统相关数据，一键生成村级财务明细账、收支情况分析图，直观反映各村“三资”收支情况、运行质量、发展趋势等，为村社产业发展、村级集体增收提供参考依据。例如，大数据比对分析发现，鹤盛镇3个村的自来水项目长期处于应租未租状态，后通过市场招投标方式，以年租金 10.3 万元出租，增加了村级集体经济收入。

三、坚持应晒尽晒，实现交易“全透明”越盘越活

一是“线上＋线下”拓宽公开渠道。配套研发链接智慧监管系统的村级“三资”阳光公开网络平台，村民可通过手机软件或扫码实时查询农村“三资”流转交易情况。同时，将平台公开信息生成纸质报表，通过村务公开栏、抄告单等传统途径及时公开，便于村民集中查看。**二是“过程＋结果”增加公开内容**。引入流程回放、凭据调用、结果查询等数据处理模式，在移动端公开包括事前民主决议、事中交易信息、事后成交结果等村级集体资金流转全过程情况，村民在手机软件上可随时查阅本村会议记录、决策过程、签批手续、资金动向，实现掌上动态及交易流程全掌握。**三是“交易＋执行”扩大公开范围**。依托智慧监管系统的智能检索功能，将 5 万元以上的农村资源资产主动推送至产权交易中心进行招投标，并将交易合同纳入公开范围，村民可随时监督合同执行情况，实现农村闲置资源及时发现、入市增值，持续释放、发展壮大村级集体经济活力。截至 2020 年底，全县完成农村产权交易 1 846 宗，成交金额 19.65 亿元，平均溢价率超 30％。

福建省晋江市：
以“信息化”做大管好集体经济“蛋糕”

编者按：福建省晋江市积极开发建设“晋江市农村集体产权综合管理服务平台”，率先在福建省发行首张“村务卡”，从村集体财务资金收支结算到村级财务上公开，均实现网络化，着眼于从源头上完善机制、堵塞漏洞，实现了村级财务信息化管理，有力推动了农业农村经济发展。

晋江市地处福建省东南沿海，辖 13 个镇、6 个街道，村（社区）397 个，其中行政村 293 个。2020 年，全市村均集体收入突破 100 万元，集体经营性收入全部达到 20 万元，村均集体经营性收入达 54.63 万元。近年来，晋江市把推进村级财务管理规范化建设，作为维护村集体和村民利益的一项重要措施来抓，严把卡口，建章立制；通过实现管理队伍职业化、财务处理电算化、运作程序规范化、管理监督制度化，使村级财务管理水平得到了有效提升。

一、三级联动拓宽“入口”

晋江市坚持党建引领，将发展壮大村集体经济作为各级基层党组织党建工作述职的重要内容，形成市、镇、村三级齐抓村集体经济创收的工作格局。一是**强化“造血”功能**。从 2013 年起，晋江市出台一系列政策文件，鼓励、支持发展村集体经济，市财政每年安排 1 000 万元专项资金扶持村集体创收项目，推进实施农村土地三项改革，推动一批村（社区）通过集体经营性建设用地入市的办法，变“资源”为“资产”。全市共有 28 宗 167 亩集体经营性建设用地入市，增加村集体经营性收入5 175万元。同时，引入“共享”理念，尝试实施“乡村共享驿站”建设，推动村企合作，全市现有63个村（社区）与107家企业结对共建，合作意向资金9.5亿元。**二是动员“外力”助推**。强力推进农村人居环境整治工作，切实让群众感受到村集体“想干事、能干事”。在此基础上，村集体充分动员乡村贤达通过社会捐赠的方式支持乡村建设。晋江籍企业家许健康通过中国光彩事业基金会定向捐资1亿元助力安海溪边村美丽乡村建设，内坑镇旅港莲潭同乡会捐资1 000万元作为潭头村旧村改造项目的启动资金。**三是加大“兜底”保障**。晋江市改革设立村级组织运转经费保障制度，市财政每年安排近10亿元资金用于美丽乡村建设、环卫保洁、治安巡逻、村（社区）干部基本工作报酬、村级组织办公经费等，并从2018年起划定村级组织运转经费最低保障。2020年，市财政共拨补村（社区）干部工作报酬近6 000万元，环卫保洁工作经费7 000多万元。

晋江市村级财务网上公开

二、四位一体把牢“出口”

晋江市坚持“事前监管、提升服务”的工作原则，通过科技手段在简化流程的前提下，将部分审核、审批程序前置，有效规范村集体财务资金支出。**一是村里事务“商量着办”**。积极开展乡村治理体系建设试点示范，不断深化乡

晋江市召开规范村集体小额建设工程项目工作动员会暨业务培训会议

村善治实践，全面推行基层议事协商，试行村级网上议事；在精简议事程序的基础上，将“四议两公开”作为村集体财务资金开支的前置条件。**二是村里工程“简化着办”**。建立村集体建设工程项目中介服务企业名录库和施工单位名录库，征集、评定乡村工匠，市委专题召开业务培训会议，实现村集体建设工程项目“事前服务提效、事中监管有力、事后运营规范”，切实保障村集体工程项目开支简便、高效、规范。**三是村里资金“网络上办”**。开发建设“晋江市农村集体产权综合管理服务平台”，推行村集体财务资金网络收支结算机制，率先发行首张“村务卡”，全面配置村级财务专用手机，村集体财务资金“收支两张卡”，实现财务收支“网上留痕、网上监管”，从根源上解决村集体财务资金“坐收坐支”的“老大难”问题。**四是村里采购“规范着办”**。参照政府采购规定制定村级物资、服务采购管理机制，实行“自主采购、委托采购、招标采购”的村级采购办法，划定采购限额，实行定点采购。自规范村集体采购机制后，晋江市395个村（社区）日常办公易耗品采购总额同比下降7.33%，节约村集体财务资金37.12万元。

西埔村召开协商民主议事会

三、三项改革打造“阳光村务”

晋江市立足解决村级财务公开不透明、财务审计“走过场”、集体资源资产“家底不清”等问题，集成推进农村综合改革。**一是“体检诊断”常态化**。一方面，实行村级财务审计“轮审制”，根据村级巡视巡察反馈问题、信访问题大数据分析等，每年选取一批村（社区）开展近3年财务收支和专项财务审计。另一方面，将全市村（社区）分为3个批次开展农村集体“三资”监管专项整治行动，着力清查“问题合同”，解决侵占集体资源、资产和拖欠租金的问题。截至2020年底，共清理问题合同1 040份，收回集体资源资产111家，总价值 69 440 万元。**二是“家底公开”信息化**。依托市、镇、村三级公众微信号，全面推行村级财务网上公开，实现村级财务“指尖监管”，并由纪委、监委介入督促执行落实，切实完善公开机制、拓宽公开渠道。此外，结合农村集体“三资”监管专项整治行动，推行农村集体资源资产网上公开，通过“倒逼”的办法实现农村集体资源资产“全市一套表、镇街一台账、村社一清单”。**三是“管家队伍”职业化**。一方面，实行村级代理会计市镇两级协同管理，每月组织业务知识培训、每年开展职业素质培训，不断提升村级代理会计薪酬待遇水平，2020 年全市村级代理会计平均工资 4 800 多元，比 2019 年同比增长 10%。另一方面，试行村务专职工作者兼任村级报账员机制，挑选具有财会专业背景的大中专毕业生充实村级报账员队伍。全市村级报账员平均年龄 34.7 岁，大中专以上学历占比 100%，其中大学本科以上学历占比 64.6%。

四川省成都市双流区：

给集体资产发数字“身份证”

编者按： 四川省成都市双流区探索对集体资产进行精细化管理，采用信息化手段，完善资产监管平台，为每一宗集体资产附“二维码”，群众扫码可知资产全部信息，做到了集体资产管理的自动化、精细化、现代化，实现了集体资产的规范化阳光运行。

四川省成都市双流区幅员面积 466 平方千米，辖 12 个镇（街道）134 个村（社区）共 988 个村（居）小组，村级集体经济组织 157 个，组级集体经济组织 1 735 个。2018 年，双流区对农村集体经济组织资产进行清理后发现，始终存在一些资产有账无物或有物无账，资产的构建时间、金额、产权等不清晰，债权、债务已收、已付仍然挂账等现象。对此，双流区探索实行村集体资产赋码，借助信息化平台让资产变动实时更新，监管方便快捷。

一、完善集体资产“数字化”信息采集

双流区根据实际需要不断升级和完善农村集体资产监管平台，农村财务管理实现电算化、信息化，村、镇、区三级互联互通。区农业农村局牵头，区委组织部、纪委、财政、民政、社治委远程监管的模式已成熟，集体经济组织成员通过“双流三资”手机软件可以查询所有本集体经济组织的“三资”账务和公开情况。2020 年 6 月，双流区在应用监管平台管理农村集体资产的基础上，探索对每一宗资产单独编码，并首先在东升街道、西航港街道探索试点。编码按照“镇街序号+村序号+资产序号”方式，实现农村集体资产不重不漏，身份唯一。同时，在管理系统中标注资产名称、存在的最初时间、价值、面积、

现存状态（出租、流转）、使用人等信息。2020 年 8 月在全区推广，共 9 809 万宗资产信息录入平台。

双流区农村集体“三资”管理政策法规宣传

二、赋予集体资产“智能化”身份识别

为优化管理，减轻财会人员工作量，减少人为因素造成的资产流失，双流区升级完善集体资产台账管理功能，实现自动生成资产台账和会计台账，对全区农村集体资产自动生成二维码。输入编码、名称、使用人等任何一个信息，都能查询该资产的所有情况，方便对资产管控、清查、核算、核实。

（一）完善资产台账，实现“账物一致”

将清产核资结果数据导入双流区农村集体资产监管平台，平台自动对比新旧台账，将原台账的资产信息缺失部分补充完整，使清产核资结果与日常台账管理数据相互衔接，实现“账物一致”。全区共完善缺失资产信息 13 268 宗，清理未入账资产 9 259 宗。

（二）完善会计台账，实现“账账相符”

资产、债权、债务在购入或者发生的时候，根据会计科目的分类，通过已审核记账的会计凭证自动生成不同类别的台账，村级管理员不再进行二次重复录入；资产使用、处置和债权、债务增减时，会计记账后，自动在管理台账对资产、债权、债务变动情况进行登记，使会计数据与台账数据一致，实现“账账相符”。

（三）赋予资产“身份证”，实现“账物清楚”

以“两本”台账为基础，通过平台的“粘贴系统”自动生成带二维码的资产标识码，赋予每宗资产唯一的“身份证”。日常管理和查询通过扫描二维码，可以直接查看该资产的购入时间、价格、使用、处置等账务信息和台账信息，后续也可以进行快速盘点和辨别资产“身份”。

东芝数码复合机

资产名称:	东芝数码复合机			类别:	打印机
资产编号:	010200000119	卡片编号:	180706111709110445	责任人:	杨娜
规格型号:	E-2000AC	所属部门:	社区便民服务中心	存放地点:	便民服务大厅
增加方式:	购入	使用状况:	自用	使用年限:	10年
构建时间:	2018-06-30	已使用月份:	29	折旧方法:	不提折旧
原值:	13800.00	净残值率:	0.00%	净残值:	0.00
累计折旧:	0.00	月折旧率:	0.00	月折旧额:	0.00
净值:	13800.00	项目:			
计量单位:	台	数量或面积:	1.0000	单价:	13800.00
资产图片:	13-东芝数码复合机2000AC.jpg				
录入人:	刘宇	录入日期:	2018-07-06		
资产备注:					
使用明细:	点击查看				

普通打印　关闭

资产卡片

三、促进集体资产“精细化”节能增效

通过信息化台账管理，进一步规范和细化各类资产的日常管理，避免资产流失、管理散乱、家底不清、脱离监管等现象。

（一）实现全生命周期管理

通过资产台账信息化，实现实物资产从购进、运行、维修到转让、报废，以及非实物资产从产生、变化到终结的全生命周期管理，运用现代信息技术提高资产的运行可靠性，将台账管理记录形成资产档案信息。

台式计算机上贴有资产二维码

（二）实现全信息共享联动

利用平台实现清产核资结果、台账数据、会计财务数据与资产实物数据的实时传输和共享，台账数据能够依托清产核资、会计记账的结果进行自动更新。不一致时，系统自动预警提醒，使会计账务及时得到处理，台账信息随之联动，资产实物动态实时更新，提高了资产管理时效性和联动性，确保账账、账实相符。

（三）实现全自动提高效率

通过自动生成台账，避免村级管理人员重复录入资产数据，提高工作效率，全区财务人员工作量减少40%。通过数据的关联实现自动对账，减少人工对比核实的时间，劳动成本降低35%。各类台账信息实现便捷查询、自动统计和导出，促进集体资产监管更加到位。

四、实现集体资产“规范化”阳光运行

通过信息化管理农村集体资产，双流区归位未入账资产9 259宗，价值

1 235 万元；清理未入账土地资源 1 578 亩，价值 2.8 亿元；清理干部长期挪用资产问题 2 398 件，价值 489 万元，账面资产增加近 3 亿元。

（一）强化了干部服务者意识

集体资产不是干部私有财产，归全体成员所有；群众是参与者、执行者、监督者，干部只是服务者，资产全过程必须接受监督。2020 年已处理 5 起干部违规处置资产案件，分别给予当事人警告和严重警告处分，规范了村干部管理集体资产的行为。

（二）强化了成员主人翁行为

集体经济组织成员通过扫描二维码就能知道集体资产的所有信息，增强了主动管理“自家”资产的意识，形成了集体资产“人人监督、人人管”、集体收益“人人占股、人人分”的习惯。全区上下形成了一个共识：只要没有通过集体讨论、集体决定的资产运行行为均为违规行为。

（三）强化了公示多样化监督

一方面，执行“明白纸”入户、村务公示栏规定“动作”；另一方面，推行短信通知、楼道口公示等自选“动作”，或推广手机软件、微信创新“动作”。所有公开均附有资产二维码，方便群众查询和监督。

附　　录

农业农村部办公厅关于推介全国农村财务管理规范化建设典型案例的通知

农办经〔2020〕11号

各省、自治区、直辖市农业农村（农牧）厅（局、委）：

农村财务管理是促进农村经济发展和农村社会稳定的重要保障。近年来，为适应农村经济社会发展新形势，各地积极创新方式方法，完善工作制度，不断加强和规范村级财务管理，推动农村集体资产财务管理制度化、规范化、信息化，涌现出一批好做法好经验。为充分发挥典型案例的示范作用，带动各地进一步健全农村财务管理制度，规范农村财务各项活动，今年3月，农业农村部面向全国开展农村财务管理规范化建设典型案例征集活动。在各省（区、市）推荐的基础上，精心遴选了“河北省石家庄市鹿泉区：一工一单　一月一结　劳动用工套上‘监管笼头’”等20个全国农村财务管理规范化建设典型案例。这批案例形式多样、特色鲜明，主要在完善体制机制、强化审计监督、加强制度建设、创新数字手段等方面，形成了可复制、可推广的经验做法。这些案例有市、县层面开展的创新，也有镇、村层面的探索实践，有效解决了农村财务管理面临的一些难点问题，体现出较强的实用性、可操作性和可借鉴性。

现印发各地，供学习借鉴。各级农业农村部门要认真学习全国农村财务管理规范化建设典型案例做法，积极吸收借鉴案例经验，因地制宜探索形成符合本地实际的农村财务管理模式，提升农村财务管理规范化水平。

附件：全国农村财务管理规范化建设典型案例名单

农业农村部办公厅

2020年12月31日

附件

全国农村财务管理规范化建设典型案例名单

1. 河北省石家庄市鹿泉区：一工一单　一月一结　劳动用工套上“监管笼头”

2. 山西省阳城县董封乡：点亮五大机制目标　破解贫困山区农村财务治理难题

3. 辽宁省朝阳市双塔区孟克村：严管财务　让农民放心共享发展红利

4. 吉林省长春市九台区：“七步工作法”确保村级事务管理守住规矩

5. 上海市金山区：村社“两本账”　事权财权清

6. 江苏省南京市：大数据护航村级资产财务管理

7. 江苏省太仓市：专业审计机构为集体财富加道“安心锁”

8. 江苏省盐城市亭湖区：管好“村级用工”关键小事

9. 浙江省永嘉县：云监管破解集体“三资”监管难题

10. 浙江省绍兴市柯桥区：“去现金化”改革让集体收支透明高效

11. 福建省晋江市：以“信息化”做大管好集体经济“蛋糕”

12. 江西省南昌市青山湖区：“五统一审四监督”打造村财监管“闭环”

13. 山东省费县：打造充满活力的报账员队伍

14. 湖北省英山县：引入“第三方”管好村级“钱袋子”

15. 广东省东莞市虎门镇：健全机制　扎牢村级财务“口袋”

16. 重庆市江津区：擦亮农村审计“利剑”

17. 四川省成都市双流区：给集体资产发数字“身份证”

18. 云南省曲靖市沾益区西平街道：建好“干净账”　算出“活力账”

19. 甘肃省酒泉市敦煌市：多措并举构筑审计“防火墙”

20. 宁夏回族自治区灵武市：“五个一”做实农村财务这本账

图书在版编目（CIP）数据

全国农村财务管理规范化建设典型案例 / 农业农村部农村合作经济指导司编．—北京：中国农业出版社，2021.1

ISBN 978-7-109-27921-6

Ⅰ．①全… Ⅱ．①农… Ⅲ．①农村—财务管理—管理规范—案例—中国 Ⅳ．①F322

中国版本图书馆 CIP 数据核字（2021）第 025555 号

全国农村财务管理规范化建设典型案例

QUANGUO NONGCUN CAIWU GUANLI GUIFANHUA JIANSHE DIANXING ANLI

中国农业出版社出版

地址：北京市朝阳区麦子店街 18 号楼

邮编：100125

责任编辑：胡烨芳　刘　伟

责任校对：赵　硕

印刷：北京通州皇家印刷厂

版次：2021 年 1 月第 1 版

印次：2021 年 1 月北京第 1 次印刷

发行：新华书店北京发行所

开本：787mm×1092mm　1/16

印张：7.25

字数：183 千字

定价：45.00 元